U0918571

我国企业内部审计有效性评价研究

庄莹 著

中国财经出版传媒集团
中国财政经济出版社

图书在版编目（CIP）数据

我国企业内部审计有效性评价研究／庄莹著．--北京：中国财政经济出版社，2021.5
ISBN 978-7-5223-0132-7

Ⅰ.①我… Ⅱ.①庄… Ⅲ.①企业-内部审计-经济评价-研究-中国 Ⅳ.①F239.45

中国版本图书馆 CIP 数据核字（2020）第 205838 号

责任编辑：彭　波　　　　责任校对：张　凡
封面设计：卜建辰　　　　责任印制：史大鹏

中国财政经济出版社 出版
URL：http：//www.cfeph.cn
E-mail：cfeph@cfeph.cn

社址：北京市海淀区阜成路甲 28 号　邮政编码：100142
营销中心电话：010-88191522
天猫网店：中国财政经济出版社旗舰店
网址：https：//zgczjjcbs.tmall.com
北京财经印刷厂印刷　各地新华书店经销
成品尺寸：170mm×240mm　16 开　13.75 印张　177 000 字
2021 年 5 月第 1 版　2021 年 5 月北京第 1 次印刷
定价：68.00 元
ISBN 978-7-5223-0132-7
（图书出现印装问题，本社负责调换，电话：010-88190548）
本社质量投诉电话：010-88190744
打击盗版举报热线：010-88191661　QQ：2242791300

前　言

随着21世纪初美国一系列财务舞弊丑闻的相继爆发，内部审计逐渐从“幕后”走向“台前”，成为关注的焦点。作为公司治理四大基石之一，内部审计运行的有效性开始受到人们的普遍关注。然而，目前鲜有文献对我国企业内部审计的有效性进行研究。在此背景下，本书以受托责任、公司治理、内部控制和管理有效性等理论为基础，运用比较分析等方法，结合新制度经济学的基本理论，立足我国的公司治理环境，分别从内部审计组织模式、内部审计人员、内部审计流程、高管支持和外部审计师评价等五个维度，考察了内部审计有效性影响主要因素，比较了内部审计质量、内部审计绩效和内部审计有效性三者的经济内涵和评价方法的异同点，在此基础上，构建了我国企业内部审计有效性评价的指标体系，并借助于内部控制有效性评价的有效与无效两种评价法，形成我国企业内部审计有效性的评价体系。

通过研究，本书发现：(1) 内部审计组织模式、内部审计人员、内部审计流程、高管层，以外部审计师评价等五个方面直接影响企业内部审计有效性；(2) 我国企业内部审计有效性评价，与我国内部审计质量评价，两者均以《中国内部审计准则》和《内部审计人员职业道德规范》为标准，对组织的内部审计工作进行检查和客观评价，内部审计有效性评价是内部审计质量评估的前提与基础，当内部审计有效性评价结果为无效时，内部审计质量评估也就失去意义；（3）内部审计有效性评价指标有决定性和影响性之分，本书将审计委员会对内部审计满意度（或内部审计机构单独设立且有一定规模）、内部审计人员遵守职业道德、内部审计流程规范性、高管层对内部审计满意度、以及外部审计师是否利用内部审计工作等五个指标，分别作为五个维度评价的先决条件，仅当各该决定性指标评价为合格，方能进入各该维度影响性指标的评价；（4）基于我国企业内部审计发展状况参差不齐，本书就内部审计组织模式维度的评价分为上市公司与一般企业两类设置评价指标；（5）内部审计评价具有部门获益难以量化、部门对组织的贡献短期内难以测出、因内部审计制度缺失而产生的或有损失难以客观估计、内部审计业绩的衡量难以判断等特点，为此，其有效性评价指标如何科学地运用定性和定量分析加以确定，便显得至关重要。本书在对这两类指标进行较为深入分析的基础上，尽可能增加定量指标的占比，以求构建一个以定量指标为主、定性指标为辅的评价体系。

本书以作者的博士论文为基础，经过修改、延伸完成。当前，我国企业内部审计信息的披露尚显不足，在收集相关数据时，我们发现我国企业关于内部审计有效性评价的信息十分有限，致使本书对我国企业内部审计有效性评价指标与方法的确定缺乏权威的论证与检验。作为我国企业内部审计有效性评价的探索性研究，本书难免存在许多不足之处，尚待在今后的研究中进一步完善，并敬请广大读者指正。

本书获厦门理工学院学术专著出版基金资助。

庄　莹

2021 年 5 月

目　录

我国企业内部审计有效性评价研究
Chapter 1

第1章 导 论

1.1 研究背景与动机

内部审计已经成为现代企业价值链的重要一环，安德鲁·钱伯斯（1987）在其所著《内部审计》第二版序言中指出："现在的确很难发现一个没有内部审计的企业，现在内部审计已超越其他管理手段，成为为管理机构提供效率、效果和节约方面建议的主要智囊。"诚如"内部审计之父"劳伦斯·索耶所言："内部审计这棵大树扎根于古代，只是到了近代才枝繁叶茂，开花结果。"实践证明，内部审计在企业的风险管理、内部控制与公司治理三大领域举足轻重。

21 世纪伊始，美国证券市场相继爆发了财务舞弊案。2001 年 11 月，安然公司财务丑闻曝光；6 个月后，世界通信公司轰然倒塌。由此引发多米诺骨牌效应，造成这一期间美国 338 家上市公司，总计 4093 亿美元的资产申请破产保护。在这一系列舞弊丑闻中，传统的监督者——"审计师和董事会成员好像在监管的大门口睡着了"（Robert Moeller，2004），内部审计有效性无疑成为关注的焦点。SEC 前主席 Authur Levitt 指出，安然事件中最大的利益冲突就在于内部审计外包，安达信实质上是在审计自己的工作（Aldhizer et al.，2003）。而在世通案件中，更是内部审计副经理辛西亚·库柏（Cynthia Cooper）"扣动了美国历史上最大破产案的扳机"，这一危机爆发时显示出它的潜力和无穷力量的小角色，在一夜之间从默默无闻到众人瞩目的转身，揭示出在公司治理、内部控制和风险管理中内部审计职能的重要性，从而将内部审计的重要性再次展现给当今风起云涌的世界。然而，众多的财务丑闻和欺诈行为也表明，即使是作为独立的第三方的外部审计，也很难保持其专业上的独立性。因此，人们不得不把关注的目光从企业的外部环境转向其内部控制机制，令作为企业内部控制机制主要组成部分的内部审计，扛起监督与评价内部控制重任，进而，人们也将其当作“企业良心”，当作维护企业道德文化的最后一道“防线”。诺曼（2001）提出，当今这个时代史无前例地为内部审计带来了丰富的机会和巨大的挑战。美国肯尼索州立大学公司治理研究中心主任、会计学教授 Hermanson（2002）在《内部审计日渐显耀的新姿态》一文中提出，治理变革“改善了内部审计形象，提升了其在公司治理中的作用”。

外部环境的巨大变迁迅速将内部审计推向了时代的前沿，进而造就了内部审计这一时代的宠儿。为重塑投资者和公众对上市公司及其管理层的信心，美国政府于 2002 年紧急出台了《萨班斯—奥克斯利法案》(Sarbanes - Oxley Act，以下简称 SOX 法案)，并将审计委员会作为完善公司治理结构的法定机构，董事会、审计委员会和高级管理层将内部审计视为公司治理和内部控制的重要组成部分，内部审计职能在这一新环境下得到了加强和拓展。国际内部审计师协会（The Institute of Internal Auditors，以下简称 IIA）在关于 SOX 法案的意见陈述书中首次提出：内部审计、外部审计、董事会以及高层管理人员是有效公司治理的四大基石。SEC 前首席会计师 Robert Herdman 提出，有效的内部审计对公司成功与否十分关键，它能阻止舞弊，对财务报表的正确编制也十分重要。

2003 年 11 月，SEC 通过了 NYSE 和 NASDAQ 对上市标准进行修订的提案，要求所有的上市公司必须设有内部审计机构以改善公司治理。根据相关准则，内部审计主管的聘任、解雇应由审计委员会决定。这无疑在很大程度上提高了内部审计的地位，内部审计由此进入了一个崭新的历史阶段。它不仅为内部审计参与公司治理提供了广阔的发展空间，更表明内部审计将在完善公司治理、提高会计信息质量中扮演着重要角色。2004 年 10 月，COSO 结合 SOX 法案的相关要求，出台了《企业风险管理——整体框架》[①]（ERM），强调内部审

① 该指南包括三卷：卷 I 介绍了有效监督的基本原则，以及与 1992 年发布的 COSO《内部控制——整体框架》之间的联系；卷 Ⅱ 进一步解释了卷 I 提出的基本原则，并为实施有效监督的负责人员提供指引；卷 Ⅲ 列举了内部控制有效监督的相关案例。

计可以通过审查内部控制系统和风险管理过程，为建立和完善内部控制系统和风险分散战略提供建议，从而为组织增值。2009 年 2 月，COSO 发布了旨在帮助公司提高内控监督效果的《内部控制体系监督指南》，为内部审计工作的有效开展提供了指引。2017 年 9 月，COSO 发布的《企业风险管理——通过策略与绩效调整风险》，进一步强调了策略与绩效的调整对防范风险的重要性，同时，要求企业要围绕国际化中本地化的需求、复杂商业环境对风险的影响、透明市场影响信息披露和企业文化所带来的风险等方面加以思考。

内部审计对公司治理作用，首先表现在对财务报告质量的监督和控制。Wallace（1991）等在对美国 260 家公司的调查发现，设立内部审计部门的公司高管层在选择会计政策上更加保守。Prawitt 等（2008）指出，内部审计的高质量可以抑制盈余管理。Ege（2015）认为，内部审计还关注公司是否有不良行为，管理层信息披露是否存在误导性，以及是否存在在贿赂官员等非财务报告信息情况。Abbott（2016）等阐述了内部审计对财务报告质量影响具有协助财务报表审计、对子公司进行财务报表审计、合规性审计和提供咨询服务等四种方式。另外，内部审计职能有渐失的趋向，普华永道会计师事务所（PWC）发布了《2017 年内部审计行业现状研究报告》。该研究报告显示，在企业面临诸如监管大幅调整和网络攻击这样的“重大影响性事件”时，大多数内部审计师反应缓慢，未能帮助雇主做好准备并做出及时应对。在认为“内部审计能带来巨大价值”方面，“利益相关者”的比重从 2016 年的 54% 下降到 2017 年的 44%，为普华永道跟踪这一指标 5 年以来的最低水平。这不能不引起我们发问，在董事、财务总监（CFO）及其他诸多高管人员眼中，内部审计职能的威望正在迅速丧失，这是否是内部审计低效甚至是无效所引起的后果。

内部审计制度在国外发展的同时，也受到我国会计职业界、证券监管层、公司管理层及学者的广泛关注。2003 年，审计署发布了新的《关于内部审计工作的规定》，同年，中国内部审计师协会先后发布了《内部审计基本准则》《内部审计人员职业道德规范》以及 20 个内部审计具体准则，这标志着我国内部审计准则体系基本框架的初步建立。为推动和指导上市公司建立并有效执行内部控制制度，提高公司风险管理水平，2006 年，上海证券交易所、深圳证券交易所先后出台了《上市公司内部控制指引》。这两部指导上市公司建立健全内部控制制度的文件一经发布，就被业界称为中国版的《萨班斯—奥克斯利法案》。在国家审计署和中国内部审计协会的推动下，我国内部审计规范化进程加速。2013 年 8 月，中国内部审计协会发布新修改的《中国内部审计准则》及实务指南。此次修订将内部审计具体准则分为作业类、业务类和管理类三大类，修订后的内部审计准则体系由内部审计基本准则、内部审计人员职业道德规范、20 个具体准则、5 个实务指南所构成。2014 年，该协会发布了修订后的《内部审计质量评估办法》和《内部审计质量评估手册》，2018 年 3 月国家审计署发布了《关于内部审计工作的规定》。

当前，我国内部审计正逐渐受到企业领导的重视，审计独立性逐渐提高，正由监督向监督与服务并重方向发展，公司内部审计工作日益规范化，其审计方式正从传统方式向信息化方式转变，同时，内部审计领域不断拓展，审计结果得到广泛应用。

然而，应该看到的是，内部审计制度在我国建立的经济环境与美国有很大的不同，中外设立内部审计部门的动因也不尽相同。西方的内部审计是企业为了生存、竞争和发展的需要自发地发展起来的，而我国这一制度则是国家根据经济体制改革后出现的新形势，为强化审计监督体系，建立和健全企业自我约束机制，实行行政手段自上而下建立的。因此，尽管内部审计在英美等国被证明是一项行之有效的制度，但在我国的制度环境下能否发挥作用却是一个值得进一步研究的课题。有效的内部审计有利于内部审计机构强化内部管理、降低审计风险、提高审计质量，内部审计的有效性直接关系到内部审计的生存与发展。

我国学者关注较多的是内部审计绩效，对内部审计有效性的研究则较少涉及。不可否认，内部审计绩效与内部审计有效性两者有其统一的一面，我们应该在保证内部审计有效性的前提下提高内部审计绩效。为此，很有必要基于我国现行的制度环境，对我国内部审计有效性进行研究，以求进一步探索适合我国企业的治理机制。同时，对内部审计有效性的认识，还可以从系统与环境的互动关系来理解，内部审计的有效性不仅取决于内部审计系统内的各种因素所起的作用，还应当重视不同环境对内部审计有效性的影响，应当根据不同时期的经济环境要求，考虑受托责任的内在要求，对内部审计有效性的评价确定科学的衡量标准。

从企业系统内部来看，内部审计的本质是一种确保受托责任履行的管理控制机制。内部审计因其特殊地位能够较为全面地了解企业经营管理活动，进而可能对企业的经营管理活动进行客观评价，确保受托责任完成。同时，我们也应以动态的眼光看待受托责任目标由低向高的发展趋势，由简单内部受托财务责任到内、外部并重的高层次受托管理责任的转变。由此，内部审计有效性的评价标准与方法也必然要与时俱进。

从系统论和控制论的观点来看，内部审计在管理控制系统扮演着反馈功能的角色。所谓反馈，即指消除受控对象的实际状况与目标值之间的不协调性。内部审计能够提供企业经营管理活动的各类运作信息，对企业所面临的风险加以分析和判断，并对照企业受托责任目标提出预防性信息和意见，以便企业管理者更好地实施控制。因此，内部审计有效性评价仍然需要借助于系统论和控制论的若干基本观点加以进行。

内部审计有效性是指内部审计主体为促进组织目标的实现，所发挥其职能作用的程度。具体地说，它是指内部审计工作实现其目标的程度，表现为审计程序、审计证据和审计意见的质量属性，即在执行内部审计程序，搜集内部审计证据与发表内部审计意见之间的内在关联性程度。本书认为，追求内部审计有效性是内部审计的根本要求和终极目标。同时，随着内部审计职能的演进，内部审计有效性的评价总是动态发展的。

IIA 于 2013 年发布《有效风险管理与控制的三道防线》，第一道防线是管理控制与内控措施，第二道防线为财务控制、风险管理等，第三道防线为内部审计，内部审计的重要性不言而喻。根据甫瀚咨询公司统计，2016 年首席审计执行官前十大关注事项中就有三项与内部审计有效性紧密相关，即第 3 位 ISO 9000（质量管理与质量保证）、第 5 位持续监督、第 8 位质量保证与改进程序。该统计指出，内部审计有效性对内部控制具有重要的作用，如果内部审计无效，那么整个内部控制也是无效的。内部审计的无效会造成公司经营效率低下、未来获利能力不足、股价下跌，进而对投资者造成巨大损失等严重后果。

内部审计有效性，不仅对于内部审计学术研究是一个至关重要的问题，而且对于实务工作也是一个核心问题。无论是内部审计规范的制定，还是内部审计制度的运行，抑或是内部审计结果的评价等，都离不开内部审计有效性这一关键主题加以展开的。对于起步不久的我国内部审计，评价其有效性亟待一个合乎逻辑的理论框架和一套行之有效的评价方法，力求对其内部审计有效性的基本内涵、评价标准和衡量方法达成统一的要求。内部审计有效性评价，不仅有利于公司实现内部审计机构及人员的工作规范化，而且有利于规避审计风险的发生，增强风险应对能力，同时，它还能够促使公司不断去适应内部审计全球化趋势。内部审计有效性评价必须脚踏实地，它既需要全面的定性与定量评价指标的设定，又需要有合适的评价方法。目前，我国无论理论界还是实务界，对此研究仍显不足。

为此，本书拟从我国企业内部审计有效性入手，探讨有关内部审计有效性的理论框架和量化指标的设计问题，为完善内部审计有效性评价体系，提高内部审计有效性评价的准确性、全面性和可操作性展开研究。

1.2 研究思路与研究内容

（1）研究思路

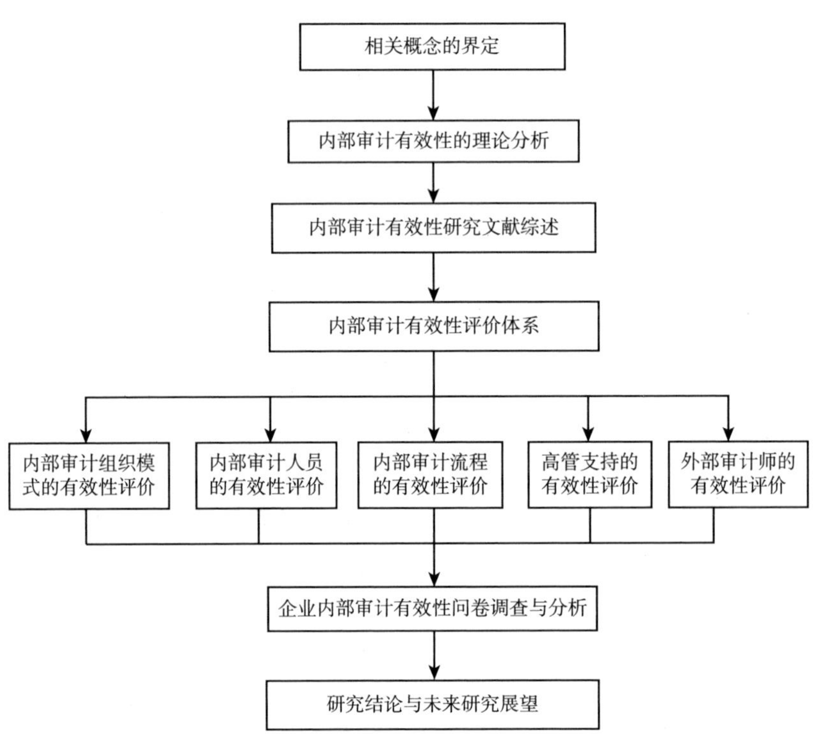

图1-1　我国企业内部审计有效性评价的研究框架

管理大师彼得·F. 德鲁克指出：“如果不能评价，就无法管理。”只有对内部审计有效性进行科学合理有效的评价，才能检验内部审计工作的效率和效果，进而提升内部审计部门职能。

贯穿于本书理论分析与数据检验的研究思路，主要是基于企业内部审计有效性评价研究框架（见图1-1）。为此，本书首先在梳理内部审计有效性文献的基础上，构建内部审计有效性的评价体系的总体框架，就内部审计有效性的有效与无效两种评价的方法展开论述。随后，围绕构建内部审计评价体系的五大维度，即组织模式、审计人员、审计业务流程、高管支持和外部审计师评价，分章逐一建立各该维度的明细指标体系和评价标准。

本书主要通过两种方法对内部审计进行研究：一是文献研究法，在研究内部审计相关的基础理论的基础上较为系统地梳理出相关文献资料，对内部审计有效性的定义、影响因素及评价框架加以分析；二是案例分析法，对78家企业的内部审计相关的实施情况进行调查问卷，将本书构建的内部审计有效性评价指标应用于实践，并结合78家企业内部审计的案例进行评价。

（2）研究内容

本书的研究分11章，各章具体安排如下：

第1章为导论。本章主要阐述了本书的研究背景和动机，介绍了研究思路与研究内容，并对本书研究中所涉及的相关概念加以厘定。

第2章为内部审计有效性的理论分析。本章论述了受托责任、公司治理、内部控制和管理有效性评价等理论与基本观点，并就上述理论思想与内部审计的内在联系逐一进行论述。并指出受托责任是内部审计的根本动因，审计实施的本质目标是评价受托经济责任的履行情况。企业需要更高质量的公司治理，实践证明内部审计可以在公司治理中发挥不可替代的作用，而公司治理离不开内部审计。它是企业内部控制不可或缺的组成部分，内部审计承担对内部控制进行监督和评价的责任。同时，由于内部审计能够提供经营管理活动实际运作的信息，以便施控者更好地进行控制，因此从系统论和控制论角度出发，内部审计担负着管理控制系统中的反馈功能角色。作为企业管理系统的子系统的内部审计，其有效性评价也就必不可少。本章的研究为本书后续研究奠定了理论依据。

第3章为内部审计有效性研究的文献综述。本章从内部审计定义的历史演变入手，围绕内部审计目标与内部审计职能的变迁，论述内部审计定义、目标与职能三者对内部审计有效性的影响。进而界定了内部审计有效性的基本内涵与特征，并在此基础上，较为深入地比较内部审计质量与内部审计有效性两者的区别与联系。

第4章为内部审计有效性的评价体系。本章在揭示内部审计绩效评价体系的基础上，探讨了内部审计有效性的评价标准、评价原则和评价分类，并基于内部审计有效性评价体系构建的基本思路，提出适合我国企业内部审计有效性评价的总体框架，同时，较为深入地比较内部审计有效性的正面评价和无效评价两种方法之异同。

第5章为内部审计组织模式的有效性评价。本章以内部审计独立性的理论为支撑，以我国上市公司内部审计组织模式为起点，梳理出我国企业现行的内部审计机构设置及其隶属关系，并在此基础上，剖析了现行组织模式对内部审计有效性的影响，最后，基于企业审计委员会的设置与否，分别构建适合我国国情的内部审计组织模式的有效性评价指标体系。

第6章为内部审计人员的有效性评价。本章论述了内部审计人员独立性与客观性的基本内涵，并对内部审计人员有效性内涵及其评价指标的研究文献进行较为系统的梳理。本章认为，内部审计人员有效性评价应当包括内部审计人员的遵守职业道德、平均工作年限、受教育程度、职业资格、培训时间、审计经验、工作年限和信息技术掌握程度等指标。

第7章为内部审计流程的有效性评价。本章深入分析内部审计流程的基本内涵及其若干影响因素，从质量、时间和成本等视角出发，提出评估我国企业内部审计流程有效性的多项评价指标，并在此基础上，探讨各个指标的评价权重。

第8章为高管支持的有效性研究。本章论述了高管的基本内涵及其特征，梳理了高管支持对内部控制和内部审计若干理论与观点，进一步确认高管层对内部审计的投入和认可程度的高低，与内部审计有效性呈正相关的关系，同时，揭示了高管对内部审计的重视程度以及对内部审计部门所提出的建议的采纳程度，都将直接影响到公司属下各中层管理部门对内部审计的重视和支持程度。在此基础上，本章提出高管支持的有效性的评价基本指标和评价方法。

第9章为外部审计师的有效性评价。外部评估的优点是评估的专业性和独立性能够得到有效保证，有利于对组织的内部审计活动作出更为客观的评价。本章在梳理外部审计师对内部审计有效性评价影响的文献综述的基础上，构建外部审计师对内部审计有效性评价的若干指标和评价方法。通过外部审计师对内部审计工作质量的评价，为内部审计有效性的评估提供直接的依据。

第10章为企业内部审计有效性问卷调查与分析。本章通过对78家企业的问卷调查，对调查结果分别根据本书设置的五个维度的二级指标进行分析，据以得出被调查企业的内部审计有效性的评价结果，并进一步剖析目前我国企业内部审计有效性的不足之处。

第11章为研究结论与未来研究展望。本章简要总结了本书的研究结论，提出了相关的政策建议，并在分析研究局限的基础上提出了未来可能的研究方向。

1.3 相关概念的界定

1.3.1 内部审计质量

审计质量是审计理论体系中的一个核心概念。美国的DeAngelo(1981)将审计质量界定为：是外部审计师发现被审计客户的财务系统存在舞弊并且对这些舞弊进行了报告的联合概率。在罗伯特·K.

莫茨（Robert Kuhn Mautz）和侯赛因·A. 夏拉夫（Hussein A. Sharaf）合作的《审计理论结构》一书（1990，中译本）第四章中提出的审计证据、应有的职业关注、公允表达、独立性和道德行为等审计核心概念中起到中心引领性作用。美国的理查德·L. 莱特里夫等在1999年编写的《内部审计原理与技术》一书中，将内部审计质量定义为：是内部审计工作的规范程度和审计作用的发挥水平，是审计工作水平的综合反映和集中表现。将这一表述与上述对审计质量理解相联系，内部审计质量实质上也就指内部审计行为的质量。

在公司治理中，内部审计质量的高低，直接影响公司治理的质量与水平。Li Chard（1999）认为内部审计质量是衡量企业管理水平的一个标尺。内部审计质量直接关系到公司治理和企业管理水平。Gramling（2004）提出企业管理受内部审计质量的影响，内部审计质量是一个公司管理水平是否达到现代企业先进标准的透视窗口。Stephen，Lynch 和 Nerson（2009）认为，内部控制机制的创新对于企业管理有着促进作用，反之，如果一个组织内部不进行审计控制、不设置内部审计机构，或是内部审计质量低下，公司治理将无法有效完成。

Hapman 和 Spencer（2012）在其研究中分析了公司治理与内部审计质量的关系，认为内部审计与公司治理两者相互依存，在所有权与经营权分离的情况下，受托及委托责任的需求导致了两者的产生，两者存在的目的都是提高企业的效率，确保企业目标的实现。由此可见，评价内部审计质量应立足于公司治理层面。

国内学者对内部审计质量早有研究。赵保卿（2001）认为，内部审计质量指的是内部审计工作及其结果的优劣程度。许多学者都支持这一观点，认为内部审计质量应当注重从过程和结果两个方面来衡量。具体地说，对内部审计管理和内部审计实施、内部审计法规制度建立、内部审计工作标准以及内部审计人员选聘、分工、培训与考核等方面的质量评估。

2014年，我国发布的《内部审计质量评估办法》第三条指出，内部审计质量评估的目标是：帮助组织改善内部审计环境，提升内部审计水平，防范内部审计风险，增强内部审计的有效性，促进内部审计的规范化和制度化建设。

1.3.2 内部审计绩效

绩效（performance），Bernardin 和 Beatty（1984）将其定义为：在特定时间里，由特定的工作职能、活动或行为产生的产出记录。Campbell（1990）和 Murphy（1991）等人则认为，绩效是与组织中的某种工作和组织目标有关的一组行为。上述定义从结果和行为两个不同角度对绩效加以界定，进而，引出多位学者围绕"结果绩效论"和"行为绩效论"加以研究。一般认为，绩效具有三性，我国《第2202号内部审计具体准则——绩效审计》中，也将绩效的表述为：组织经营管理活动的经济性、效率性和效果性（即3E）。其中，经济性是指组织经营管理过程中获得一定数量和质量的产品或者服务及其他成果时所耗费的资源最少；效率性是指组织经营管理过程中投入资源与产出成果之间的对比关系；而效果性，则是指组织经营管理目标的实现程度。

Comas（1996）认为，内部审计绩效评价应反映效率、效果、质量、生产效率、工作生活质量和创新等六方面内容。韩晓梅（2009）将内部审计绩效定义为：在特定的组织环境中，与特定的组织战略、目标相联系的内部审计活动的过程及其结果。黄国成、张庆龙（2011）则认为，内部审计绩效实际是内部审计活动对实现组织战略目标的作用程度与贡献程度。聂兴凯和张庆龙（2011）则从结果及其表现形式两个角度将其定义为：内部审计部门履行其职责在不同层面的有效输出，这种有效输出表现为增加企业价值和改善企业运营的程度，并将内部审计绩效进一步细分为内部审计部门整体绩效、内部审计部门下属机构绩效和内部审计人员绩效三个层次。李曼（2013）认为，内部审计绩效是指内部审计部门履行其职责在不同层面的有效输出，这种有效输出表现为增加企业价值和改善企业运营的程度。

1.3.3 风险导向内部审计

审计总是与风险相联系，早在IIA成立16周年之际（即1957年），《蒙哥马利审计学》（第八版）就将“风险”与审计程序紧密联系，探索审计风险控制的措施和审计方法的改进。根据IIA的定义，“风险是一个事件、行动或不行动对相关组织或活动可能产生不利影响的可能性”，换句话说，就是不利事情发生的可能性。理查德·L. 莱特里夫、温特·A. 华里丝、格兰恩·E. 萨姆那（1999）等学者首次明确提出：内部审计是围绕风险开展的审计，在决定审计是什么、如何审计时，风险是一个主要的决定因素。与此同时，麦克宁（Mc Namee）和塞林（Selim）（1999）两位学者提出“目标—风险—控制”的内部审计行动路线，认为必须建立以风险为导向的内部审计框架，并提出内控自我评价（CSA）只是对原有的内部审计改进，作为预测未来的工具，它仍然存在诸多的局限性。Beasley等（2005）提出，经验研究表明，风险管理框架（ERM）使内部审计对组织风险有了更好的理解，随着内部审计部门在风险管理框架方面的经验越来越丰富，风险管理框架对内部审计的积极影响将得到更多的体现。

1999年6月，IIA通过了基于风险导向的内部审计新定义和内部审计职业准则新框架，新准则和新定义强调当今内部审计的实质就是关注、评估改善和参与风险管理、内部控制和公司治理，为组织增加价值。IIA于2001年发布的《内部审计实务标准》中指出，推行风险导向内部审计就是要求内部审计以内部控制作为生存与发展的基础，以公司治理作为参与风险管理的前提条件，以对组织风险的评估与改善作为基本目标。由此可见，内部审计应当作为企业风险管理的有效工具，在审计过程中高度关注企业风险，并以企业所面临的风险为中心形成审计报告，协助企业管理风险。同时，内部审计必须继续实施对内部控制效率和效果的评价，促进企业内部控制的改善。

王光远、刘秋明（2003）在分析英国公司治理研究推动内部控制发展的大趋势之后，提出风险导向内部审计是内部审计的发展方向。现代内部审计应当更加关注有效的风险管理机制和健全的公司治理结构。鉴于风险管理已经成为组织中的关键流程，内部审计的工作重点不再是测试控制，而是确认风险及测试风险管理的方法。贺雪霞和李明辉（2019）认为，风险导向内部审计是一种在风险评估的基础上，确定审计项目的优先次序以及具体审计项目的重点，从而有效配置审计资源、降低审计风险的内部审计模式。其本质上是一种审计方法论在内部审计领域的应用，而不是对内部审计对象（风险管理）的突出。

内部审计经历了账项导向审计、制度基础审计、风险导向审计三种不同的审计模式。在风险导向内部审计模式下，其审计程序是首先确定审计目标，然后根据审计目标去识别审计风险，并根据其识别与评估的结果采取应对措施，最后出具审计报告。2004 年 1 月，IIA 还进一步发布了修订的《内部审计实务标准——专业实务框架》，对风险导向内部审计在具体审计项目中的运用做出了规定。《内部审计国际实务准则框架》在实务公告 2010 - 1 中充分体现了风险导向内部审计的理念。要求首席审计执行官制订以风险为基础的计划，以确定内部审计活动的重点。将审计计划与组织的风险相联系，特别强调关注组织的战略与计划，关注管理战略、方向、目标等的变动，这就是风险导向内部审计的核心所在。

我国的《第 1101 号内部审计基本准则》和《第 2101 号内部审计具体准则——审计计划》，都要求在制订年度审计计划时应当考虑组织风险与管理需要，这与《内部审计国际实务准则框架》的理念完全一致。在《第 2103 号内部审计具体准则——审计证据》中指出，内部审计人员在获取审计证据时，应当考虑可以接受的审计风险水平。证据的充分性与审计风险水平密切相关。可以接受的审计风险水平越低，所需证据的数量越多。在《第 2202 号内部审计具体准则——绩效审计》中指出，内部审计机构和内部审计人员应当依据重要性、审计风险和审计成本，选择与审计对象、审计目标及审计评价标准相适应的绩效审计方法，以获取相关、可靠和充分的审计证据。而在对被审单位进行绩效评价时，当审计风险较大，难以做出总体评价时，可以只做分项评价。在《第 2203 号内部审计具体准则——信息系统审计》中指出，内部审计人员在实施信息系统审计前，需要确定审计目标并初步评估审计风险，而在审计过程中应当在风险评估的基础上，依据信息系统内部控制评估的结果重新评估审计风险，并根据剩余风险设计进一步的审计程序。

1.4 本书主要贡献与研究的不足

本书的学术贡献和创新之处如下：

（1）本书系统地运用文献研究法，对内部审计有效性基本内涵、内部审计有效性的影响因素加以梳理。同时，采用比较法，对内部审计有效性、内部审计绩效以及内部审计质量三者的内涵与外延进行较为深入的比较，进而提出立足于内部审计组织模式、内部审计人员胜任能力、内部审计流程、高管支持和外部审计评价五个维度，构建出我国企业内部审计有效性较为科学、全面的评价指标体系。

（2）初步建立内部审计组织模式、内部审计人员胜任能力、内部审计流程、高管支持和外部审计师评价五个一级指标评分比例，同时，将一级指标属下的二级指标区分为决定性指标和影响性指标两类，并根据有效性影响程度对各该影响性指标合理分配比重，进而将其应用于被调查的78家企业内部审计有效性评价问卷调查分析之中，以求对我国企业内部审计有效性现状有一个较为客观的分析。

（3）本书从正反两个方面构建公司内部审计有效性评价的两种方法，即公司内部审计有效性的正面评价法和无效评价法。在分析两种方法的利弊之后，本书认为，我国公司内部审计有效性的评价应当以正面评价法为主，辅之以无效评价法。

本书不足之处在于：目前，我国企业内部审计的信息披露仍显不足，在收集相关数据时，我们发现我国企业关于内部审计有效性的信息十分有限，许多内部审计的信息集中在审计委员会的相关介绍上，致使本书对我国企业内部审计有效性的评价标准缺乏权威的论证与检验，虽然基于内部审计组织模式、内部审计人员、内部审计流程、高管支持和外部审计师等五个维度对内部审计有效性加以考察，但难免挂一漏万，对全面评价企业内部审计的有效性可能有失偏颇。

第2章 内部审计有效性的理论分析

内部审计源于受托责任，公司治理制约内部审计、内部审计为内部控制重要组成部分，并对内部控制进行监督和评价，同时，内部审计的理论构建又必须以内部控制概念为中心。管理有效性理论直接影响着内部审计有效性评价，为此，本章梳理了受托责任、公司治理、内部控制和管理有效性等若干理论对内部审计有效性影响因素，并就各种理论对内部审计有效性评价提供支持展开分析。

2.1 受托责任理论

本质上说，受托责任是内部审计的根本动因。Sherer 和 Kent（1988）提出，审计有多种类型，各种类型审计共同依托的主线是受托责任。杨时展（1986）认为，审计因受托责任的发生而发生，因受托责任的发展而发展。可见，探讨内部审计相关理论，必须以受托责任理论为出发点，而受托责任是否行之有效，也直接与内部审计效率息息相关。

2.1.1 受托责任定义

阿尔弗雷德·拉帕波特（1964）从财务报告目标的角度专门定义了受托责任："由于公司有能力影响社会，公司的管理层有义务向使用者报告其受托责任：投资者、雇员、消费者、供应商、当地社区和公众。"拉帕波特上述对受托责任的定义，其范围宽泛，既包含社会责任，也包含在20世纪80年代后出现的"利益相关者"的责任。伊尻雄志（1989）在《三项式记账法的结构和原理》中提及："不管受托责任关系是怎样的，责任人总是要根据责任关系，把他或她的活动及其结果，向委托人交代明白。受托责任一般要求责任人通过记账来交代他或她的活动及其结果，并把总括资料报告给委托人。"Lerner 和 Tetlock（1999）则从心理学角度揭示受托责任的研究状况，将受托责任定义为“直接或隐含的期望，要求某人向他人解释其信念、感觉、行为的合理性”，由此也就构建受托人因其行为合理性与否所应受到的奖励或惩罚，并进而勾勒出受托责任关系的不固定、经常变化的特点。

王光远（1996）指出，受托责任是一个含有丰富内容的动态的概念，同时，它不仅是一个动态的概念，而是一种思想。可见，受托责任内涵十分丰富，受托人和委托人的界定和其间的关系清晰明确。

2.1.2 受托责任的内容与形式

《科氏会计辞典》将受托责任分为：货币受托责任（dollar accountability）、业务受托责任（operational accountability）和财产受托责任（property accountability）。Pavlock、Sato 和 Yardley（1990）则认为公司的受托责任报告体系包括年度财务报表、控制结构报告、遵守法规、合同情况报告、认定资源利用经济性和效率性的业务报告、年度目标实现情况报告，以及错弊防范报告等七个方面。因此，受托责任内容实际上是资源占有人实现对资源的有效管理与使用的必要手段和保证机制，体现了资源占有人既要对所委托的资源进行有效管理和监督，同时又要向委托人证明自己有效管理和使用资源的情况的要求。而要完成这一系列要求，内部审计是最佳扮演者和执行者。由此也就决定内部审计师不仅要具有一定的专业技能，而且能够独立于受托经济责任关系双方当事人，为受托责任关系双方提供良好的专业服务，成为受托责任关系能够顺利实现的必要手段和保证机制。

2.1.3 受托责任与内部审计

学术界长期研究结果认为，受托经济责任是审计的根本动因；受托经济责任是审计的基本前提，是审计假设体系第一层次的假设；评价受托经济责任是审计的总体目标。正是受托经济责任内容随着人类社会经济发展不断从简单到复杂扩展，推动着审计的基本模式从账表导向审计发展到系统导向审计，并朝着风险导向审计方向发展。

戴维·弗林特（1988）以受托责任观解释了审计的本质，认为受托责任关系是审计存在的重要条件。审计是一种确保受托责任履行的社会控制机制。从本质上说，内部审计既涉及内部受托责任，也涉及外部受托责任。其出发点就是要确保受托责任履行的管理控制机制。孔茨和韦里克（1998）认为，管理控制的方法包括预算、统计数据分析、经营审计及管理者亲自监控等。管理控制可以分为直接控制和预防性控制两种类型，而后者包括管理审计以及自我审计。内部审计以其独特地位全面了解企业经营管理活动，同时，又以其相对独立的立场对经营管理活动进行客观评价，提出改进建议，从而确保受托责任的完成。

蔡春（1996）提出，受托经济责任关系的存在是整个审计的首要条件。对内部审计来说亦是如此。内部审计是组织内部受托经济责任履行过程中不可缺少的组成部分，它的目标就是保证和促进受托经济责任的全面有效履行。内部审计的利益与企业整体利益紧密相连，企业内部受托经济责任的存在，内部审计风险也就成为必然，而内部审计风险内容和形式的不断变化，则使内部审计的方法和技术不断革新，最终形成现代风险导向内部审计模式。

2.2 公司治理理论

经济合作组织（OECD）所制定的《公司治理原则》指出，应确认利益相关者的合法权利，并且鼓励公司和利益相关者在创造效益和工作机会以及为保持企业良好财务状况而积极进行合作。这一利益相关者理论可使公司发展影响因素的分析更为科学。

2.2.1　公司治理的内涵

Hart（1995）认为，代理问题和契约的不完备性是公司治理问题存在的两个必要条件。Shleifer 和 Vishny（1997）提出，公司治理是一种能够保证资金的提供者取得自身投资收益的方式。林毅夫（1997）则认为，公司治理是指关于所有者对一个企业的经营管理和绩效进行配置和行使控制权、监督和评价董事会、经理人员和职工、设计和实施激励机制的一整套制度安排。狭义地说，公司治理是由公司股东大会、董事会、监事会以及其他管理层所构成的公司内部治理机制。而广义的公司治理，则涉及股东、债权人、供应商、雇员、政府和社区等与公司有利害关系的利益相关者，通过一套包括正式的与非正式的、内部的或外部的制度安排来协调公司与所有利益相关者之间的关系，以维护公司各方面的利益。

李维安（2001）提出，公司治理并非为制衡而制衡，衡量一个治理制度或治理结构的标准应该是如何使公司最有效的运行，如何保证各方参与人的利益得到维护和满足。因此，科学的公司决策应当是公司治理的核心。罗红霞（2014）认为，激励和制衡机制并存，责权分明、各司其职，委托—代理、纵向授权是公司治理的三大特征。可见，公司治理的最终目的不是相互制衡，而是要保证公司决策科学化。公司治理的重点是风险管理。作为应对风险的战略反应的公司治理，必须确保有效的风险管理体系的适当性。

2.2.2　公司治理的评价

1998 年，美国标准普尔公司（Standard & Poor）率先建立了公司治理服务系统，主要包括所有权与投资者关系、财务透明度与信息披露以及董事会结构与运作过程三项内容。2000 年，亚洲里昂证券（CLSA Asia - Pacific Markets）推出了适合亚洲制度环境的里昂公司治理评价体系。同时，美国机构投资者服务公司（Institutional Shareholder Services）还建立了全球性的上市公司治理状况数据库，为其会员投资者提供监督上市公司治理情况的服务。

为反映我国公司的治理状况，符合在我国资本市场上的投资者和政府的需要，以帮助中国上市公司提高治理质量，2003 年，上海证券交易所也发布了中国上市公司治理评价体系，该体系以中国证监会 2002 年 1 月颁布的《上市公司治理准则》为依据，由控股股东行为，关键人物的聘选、激励与约束，董事会的结构与运作以及信息披露透明性四个部分组成（2003）。南开大学公司治理研究院在国内率先推出中国上市公司治理评价系统，并连续多年发布被誉为中国上市公司治理状况“晴雨表”的中国上市公司治理指数（CCGINK）。该指数反映了中国市场的诸多重要特征，侧重于公司内部治理机制，强调公司治理的信息披露、中小股东的利益保护、上市公司独立性、董事会的独立性以及监事会参与治理等，从股东治理、董事会治理、监事会治理、经理层治理、信息披露以及利益相关者治理 6 个维度，设置了 19 个二级指标，具体有 80 多个评价指标，对中国上市公司治理的状况做出全面、系统的评价。

2.2.3 公司治理与内部审计

Roussey（2000）认为内部审计能够改善公司治理过程，帮助公司管理层采用更为恰当的会计系统和内部控制制度，并且凭借自身的经验、知识和能力提供有价值的信息和建议，帮助管理层做出正确决策。美国肯尼绍州立大学发布的公众公司治理原则（Corporate Governance Center，CGC，2002），提出建立与董事会、管理层、外部审计有效沟通的专职的内部审计部门。Carcello，Hermanson 和 Raghunandan（2005）对美国政府和行业组织几年间的政策和动作做了总结和分析，从中总结出了这样一个倾向：内部审计部门不仅对于公司内部控制制度的完善而且对于公司内部治理水平的提高都是不可或缺的重要部门。Stephen，Lynch 和 Nerson（2009）认为，如果一个组织内部不进行审计控制、不设置内部审计机构，或是内部审计质量低下，公司治理将无法有效完成。

2002 年 7 月 23 日，IIA 在对美国国会的建议中提出：一个健全的治理结构是建立在有效治理体系的四个主要条件的协同基础上的，即董事会、内部审计、外部审计以及高层管理人员等。IIA 在发布的《内部审计实务标准》“2130—治理”中，权威地阐述了内部审计在公司治理中的作用，主要表现在四个方面，即：（1）制定、传达目标和价值观；（2）监控目标的实现情况；（3）确保责任制；（4）维护价值。内部审计是公司治理的四个支柱之一。2002 年 8 月，纽约证券交易所（NYSE）宣布根据公司治理建议修改新上市标准，同时接受 IIA 该年 7 月所提出的建议，规定所有上市公司必须设置内部审计机构以改善上市公司治理。

我国学者对内部审计在公司治理中作用的研究始于 21 世纪。时现（2003）认为，内部审计在公司治理中的作用有五个方面：一是疏通信息传递渠道，缓解“代理问题”；二是完善公司治理机制，补正公司治理结构；三是合理定位，帮助企业增加价值；四是预防和矫正虚假财务报表；五是利用自身优势，弥补外部审计在实现治理功能方面的不足等。严晖（2004）考察了风险导向内部审计与公司治理的关系，强调内部审计作为一种控制机制，能够为董事会以及高级管理层提供信息，内部审计与公司治理参与者间存在报告关系。陈艳利和刘英明（2004）提出，必须通过重构内部审计的组织系统、拓展内部审计的职能与范畴、改进内部审计的技术和协调并统一内部审计的相关规制 4 个方面以提高公司治理水平。张玉（2005）认为，有效的内部审计是公司治理结构中形成权力制衡机制并促使其有效运行的重要手段，是公司治理过程中不可缺少的组成部分。王光远等（2006）指出，公司治理和内部审计本质上都是受托责任系统中的控制机制。公司治理程序和风险管理评价是内部控制的延伸，他同时指出内部审计是其他公司治理主体极具价值的资源。

2.3　内部控制理论

内部控制与内部审计联系紧密。Spira 和 Page（2003）提出，安然事件及一系列舞弊案的发生，使旨在确保受托责任履行的审计和内部控制，更加成为人们关注的焦点。他们同时认为，内部审计人员被视为内部控制专家，但过去在组织中的地位一直不高，而今董事会忙于满足来自外部的、确保有效公司治理的需求，内部审计人员引起了董事会的关注。

2.3.1　内部控制定义

COSO 报告将内部控制定义为：是由主体的各层次实施旨在为实现其主要目标提供合理保证的过程。该定义目前一直是中外教科书和众多学者所公认的权威表述。美国纳尔逊（Nelson）和拉得里夫（Ratliff，1996）将内部控制定义为“为正确的事在正确的时间发生提供合理保证”。我国内部控制的理论研究主要是借鉴西方的研究成果。吴水澎、陈汉文等（2000）基于报告中内部控制五要素的观点，提出我国企业内部控制制度建设的措施是：完善企业的控制环境、进行全面的风险评估、设立良好的控制活动、加强信息流动与沟通、加强企业的内部监督，并建议有关部门和团体制订企业内部控制准则或指南，为企业内部控制建设提供一个框架和参考依据。杨雄胜（2011）认为，内部控制是个人、组织、社会各层面，运用识别、评估、计量、转化、抗御等专门方法，正确防范并遏制“非我与损我”，主动保护并促进“自我与益我”的系统化制度。

2.3.2　内部控制的评价

国外理论界对于内部控制评价的研究主要围绕对企业最佳实践经验的总结以及评价人员行为规律的探索而展开。Gupta（2008）对 374 家美国上市公司的管理层如何利用 COSO 报告来评估内部控制的有效性进行了问卷调查，结果显示，被调查者普遍认为 COSO 并非一个最好的评价标准，且公司管理层在评估其内部控制的有效性时，在许多场合下并未将 COSO 报告当作评价框架或标准。Ashbaugh - Skaife 和 Collins（2008）、Doyle 等（2007）、Hammersley 等（2008）以及 Jeffrey 等（2007）诸多学者以企业所报告的内部控制缺陷及其严重程度作为其内部控制有效性的替代变量，实证考察了企业内部控制质量的影响因素及其经济后果。SOX 法案第 404 条款要求递交年度报告的上市公司管理当局对公司财务报告内部控制的有效性进行披露报告，独立审计人员必须对内部控制的评估报告进行审计。

美国公众公司会计监督委员会（以下简称 PCAOB）于 2004 年 3 月 9 日发布第 2 号审计准则《与财务报表审计相关的财务呈报内部控制审计》（简称 AS2），明确指出了公众公司的审计人员需要在财务报表审计的同时进行财务报告内部控制审计（简称 IC - FR 审计）。2007 年 5 月底，PCAOB 一致投票通过了第 5 号审计准则（简称 AS5），以替代早前发布的、有争议的 AS2，但 AS5 对该财务报告内部控制审计的性质定位并没有改变，仍然将其定位为合理保证的鉴证业务。这一鉴证业务也就需要具备 IAASB 国际鉴证业务框架中的所要求的五个要素。即管理层、注册会计师和投资者三方关系人，明确内部控制为鉴证对象，用于评价或计量鉴证对象的标准、充分适当的证据，以及书面鉴证报告（书面审计报告）等五大要素。

国内理论界的众多学者也纷纷展开内部控制评价研究。于增彪和王竞达（2007）对亚新科安徽子公司的内控评价体系的建立和实施经验进行研究与总结，并认为内部控制评价可以基于结果评价和过程评价两个方面展开。陈汉文和张宜霞（2008）认为风险基础评价可以通过三个步骤加以完成，即评估内部控制相关目标实现的风险水平、识别和确定企业是否建立了应对这些风险的内部控制措施，以及测试内部控制运行的有效性，并对在以上评价和测试过程中发现的控制缺陷的严重程度进行评估，进而判定企业内部控制的整体有效性。张兆国等（2011）以组成内部控制总体目标的战略、经营、报告、合规性和资产安全性 5 个子目标实现水平为切入点，构建了一个适合我国上市公司的内部控制评价体系，并通过对 2008 年我国沪、深两市制造业及商品流通业 1033 家上市公司相关数据的实证检验，结果证明该评价体系具有较高的有效性。

从实务方面看，美国内部控制评价与审计规范对缺陷的识别和严重程度评价有较为具体的操作指南，但该操作指南主要限于财务报告相关内部控制。我国的《内部控制评价指引》要求企业基于五大目标进行全面评价，《企业内部控制审计指引》要求注册会计师“对财务报告内部控制的有效性发表审计意见”。但上述这些规定对我们基于五大目标内控评价与审计中的缺陷识别与认定的借鉴毕竟十分有限的。

2.3.3 内部控制与内部审计

PCAOB 第 2 号审计准则列出的内部控制“存在重大缺陷和事实上的重要缺陷的标志”中明确将内部审计无效作为标志之一。内部审计作为企业内部的一个机构，它是企业内部控制的一部分，并对内部控制进行监督和评价。著名内部审计学家安德鲁 · D. 钱伯斯（2008）指出，内部审计的理论构建应以内部控制概念为中心。现代内部审计之父索耶也指出，评价内部控制的技能是内部审计人员的“魔杖”，是内部审计渗透到其他领域的“敲门砖”，内部审计是控制重要与否的代言人。作为一个组织监督机制的重要组成部分，内部审计可通过监督和评价整个内部控制制度，进而对被审计单位产生间接影响。

王光远（2005）认为，内部控制与风险是内部审计准则的最核心的两个概念。内部审计与内部控制之间是相互依存的，内部审计是内部控制的要素之一，其职能是对其余内部控制要素的再控制；内部控制又是内部审计的直接对象，通过内部审计的检查、评价能不断促进内部控制的健全完善，内部审计对内部控制的关注远远超过了政府审计与独立审计。上海国家会计学院于 2012 年主编的《内部控制与内部审计》一书指出，内部控制评审作为对内部控制系统的监督、评价手段，担负着对内部控制的适当性、合法性和有效性的审查，作为一种评价的功能，是对组织内部控制的再控制，因此其既是内部审计的重要方法，也是内部审计的重要内容。

冯均科（2013）提出，建立在内部控制基础上的内部审计，应当是强调制度的改进，将制度的完善作为起点，也作为归宿，达到从“控制业务”到“控制人”的范围延伸，树立内部审计作为内部控制中心的地位，强化内部审计的控制功能。郑伟等（2014）认为，内部审计与内部控制应当是相互交叉、交互作用而又相对区别的，对这种状态最为贴切的描述应当是“你中有我、我中有你”的耦合关系。这种关系在风险导向日益突出的背景下，因为两者具有共同的逻辑基础而变得更加紧密和显著。

内部审计与内部控制的最终目的具有高度一致性，即都是管理风险、提升治理、实现组织目标。2004 年国际内部审计协会（IIA）新发布的《国际内部审计专业实务标准 2120——控制》中规定，内部审计活动应通过评价内部控制的效率和效果、促进其持续改善等工作，帮助组织维持有效的控制系统。在开展咨询服务时，内部审计人员应当了解与此项工作相一致的控制事项，并且应警惕是否存在控制薄弱环节。我国现行的《企业内部控制基本规范》将企业内部控制分为控制环境、风险评估、控制活动、信息与沟通、监督5个要素，其间相互制约，相辅相成，其中，监督是保证，包含内部审计。

作为内部控制框架中内部监督要素重要组成部分的内部审计，同时也是企业层面的内部控制。内部审计如果存在重大缺陷而被认定为无效，将直接导致整个内部控制被评价为无效。从本质上说，内部审计作为一种控制机制，它不仅扮演着直接对被审计对象进行监督确认的角色，同时，它还可通过评价和改善整个内部控制制度，从而间接影响被审计对象。随着内部控制理论研究的不断深入，内部审计的工作范围从会计领域向公司管理部门不断地延伸与拓展，而在内部控制发展的现阶段，即内部控制的框架阶段，内部控制与企业风险管理联系愈加紧密，驱使内部审计必然将对企业风险的防范和管理纳入审计范围，这种风险导向型的发展趋势，又进一步凸显内部审计与内部控制休戚与共、水乳交融的紧密联系。

综上所述，内部审计与内部控制在产生渊源、作用机理和发展历程上都存在密切的联系。研究内部控制评价的理论体系，做好内部控制评价工作，都离不开内部审计。

2.4 管理有效性理论

公司治理与内部控制都是一个系统，而且都是具备信息、控制与反馈三大要素的控制系统。管理控制涉及确定标准、衡量成效、纠正偏差等过程，显而易见，它也是一个三大要素都具备的控制系统。控制系统中的反馈旨在消除受控者的实际状态与目标状态之间的不协调性，这便需要运用评价标准，对管理过程实施有效性评价。

2.4.1 管理有效性的基本内涵

在一个组织的管理过程中，有效性是指管理对于主体有好的效果，带来了一定的效益。而从方法论的角度看，有效就是提高了工作效率。按有效性的程度不同，管理有效性可分为高效度、中效度、低效度等不同的层次。高效度是指有效性程度较高或增幅较大。低效度则与之相反，中效度介于两者之间。冯英浚等（2003）认为，管理有效性是指消除客观基础条件的优劣，真正反映人们由于经营管理而产生效益的一种行为特性。这是从绩效评价的角度给出的一种定义，从属于管理有效性概念的外延范畴。它的内涵应是由企业管理概念引申而来的有关管理有效性的若干本质特征。管理理论的演进规律告诉我们，管理模式正从基于产出记录的“硬”管理向企业再造和战略联盟等“软”管理模式过渡，但无论对于“硬”管理模式还是“软”管理模式，都无法依赖于自身的发展解决其所具有的局限性。虽然，“硬”管理模式便于量化研究，但这一模式往往难以反映人们主观有效努力程度，因而缺乏公正性。而“软”管理模式虽然抓住了管理绩效的本质，但却存在量化困难的问题。高伟正和冯英浚（2007）认为，只有对“硬”管理模式和“软”管理模式两种管理模式的兼容并蓄，才是解决各自局限性的有效途径，进而提出基于这一兼容并蓄模式的管理有效性理论，从而在不否定基于产出记录的评价实力作用的前提下，通过实力的动态变化测算出评价单元行为因素相对的综合效果。

企业管理有效性直接体现于企业质量管理体系的有效性，因此，质量管理体系有效性包含两个基本特征：一是体系本身的有效性，即体系的组成要素如组织结构、程序、过程和资源是合理、完善的，且易于操作和评价；二是运行体系的有效性，即体系运行平稳可靠，并且能根据市场环境的变化，通过自我改进机制，不断提高其适宜性。

管理体系的有效性与运行体系的有效性两者均直接影响企业管理的有效性，管理体系的有效性是运行体系有效性的基础，而运行体系的有效性则是管理体系本身有效性的体现。体系本身的有效性和运行体系的有效性反映质量管理体系有效性的两个方面。

质量管理体系是运用过程方法模式加以描述的，其审核模式经过“识别—确定—实施—监视和测量—持续改进”五个过程。因此，在过程审核中，应重点关注结果或客观证据，不是只看记录，而是依靠在整个审核时间里去判断这一过程的有效性。这种审核应基于“过程是否受到有效控制，结果是否达到预期的目标”加以分析。当某一过程没有得到有效的控制，就是不合格。可见判断“过程是否有效”是质量管理体系审核的难点与重点。

作为管理与控制体系重要组成部分的内部审计，其有效性评价也离不开公司业务营运的效率衡量，离不开公司业务性能的可靠性的评价。一般地，运行有效性包含三个方面的内容：其一，它是一种有效性测量指标；其二，它是面向运行时刻的评价指标，即一种动态运行质量的评价指标；其三，它是基于业务的评价指标，是一种综合考虑业务各种属性特点的业务有效性。田全有（2007）认为，判断一个质量体系运行是否有效主要从组织的产品质量稳定、组织的效益和效率的稳定增长，以及顾客满意度三个方面加以考量。其中，产品质量保持稳定反映了质量体系的基本环节运行有效，组织的效益和效率的稳定增长是该质量体系运行的目标，而顾客是否满意是判断质量体系运行是否有效的根本依据。陶萍和陈涛（2009）研究了主客观绩效评价方法，运用二次相对效益评价方法对上市公司的绩效进行评价，并借助管理有效性的理论分析了上市公司绩效评价机制。

2.4.2 企业管理有效性的综合评价

企业管理有效性性评价的核心问题在于如何准确地反映管理好坏

程度。现有企业管理有效性的评价往往基于绩效评价理论与方法体系加以进行，但它往往只是从静态性要素评价管理绩效，而缺乏对企业绩效的相对动态性进行评价，评价结果不足以反映出企业管理层管理好坏程度。这种传统的绩效评价方法虽然可以在一定程度上调动人的积极性，但这些方法仅反映了评价对象的实力，难以反映人们主观上对于经营管理的有效努力程度。

关于企业绩效评价方法，目前较多采用基于数据包络分析（Data Envelopment Analysis，DEA）、随机前沿分析方法（Stochastic Frontier Analysis，SFA）等模型化的方法，这主要体现在该方法既采用企业的实际财务数据进行定量化分析，又减少了传统模型中脱离实际的前提假设。然而，基于 DEA、SFA 等模型化的绩效评价方法却存在财务数据所具有一定的随机性而需要消除或减少样本随机性和权重系数随机性对评价结果影响的困扰。

高伟正在追踪国内外先进的管理有效性评价理论与方法的基础上，尝试性提出聚类群决策 DEA 模型的建立，指出借助它可以帮助我们分析并提出改进 DEA 方法的关键点，使之符合企业管理有效性评价的实际需求。他同时认为，针对评价上市公司管理有效性权重系数随机性的特点以及锥比率区间的合理性，将贝叶斯统计、群决策理论以及聚类分析作为工具，建立一种聚类群决策的 DEA 模型，是当前对企业管理有效性评价的一种可行方法。邱实（2012）认为，管理有效性的指标主要参考企业绩效的衡量标准，他采用国资委统计局评定的 2006 年企业绩效评价标准值中的修正指标及权重，对我国制造业上市公司管理有效性加以评价，得出整个制造行业长期经营效率较低，管理有效性系数不到 10%，仅食品、饮料行业管理效率达到 18%，居行业领先水平的实证研究结论。蒋伟（2015）提出，上市公司管理有效性评价体系包括目标、对象、指标、方法、报告 5 个方面，同时，对上市公司管理有效性的 DEA 和二次相对评价两种模型加以比较。这无疑为我们提供内部审计有效性评价体系构建了依据。

2.4.3 管理有效性与内部审计有效性

管理需要理论认为，内部审计是源于管理的需要，是因为管理越来越复杂，因此，对内部审计有需求。冯均科（1996）提出，内部审计所实现的职能，是社会职能尤其是本经济单位管理职能的一部分，没有这种职能，与之有关的管理职能的履行可能会出现故障。这便需要内部审计。

在管理控制系统中，内部审计能够提供经营管理活动实际运作的信息，以便施控者更好地进行控制，因此，从系统论和控制论角度出发，内部审计是管理控制系统中的一个不可或缺的控制子系统。管理控制必须对其自身有效性加以评价，内部审计同样需要对其自身的有效性加以评价。对于内部审计而言，其有效性首先是一种客观结果。它是内部审计功能发挥的客观效果，是各种审计方法、技术和手段作用于主体及其结果的客观状态。同时，内部审计有效性还体现为一个过程，是内部审计组织功能发挥的过程，是内部审计组织功能的发挥对于该组织所起到的效用和作用。

应当看到的是，无论是管理有效性还是内部审计有效性，往往难以实现准确的量化，换句话说，它们的有效性评价标准尽管可部分借助于人们长期的经验积累实现很大程度的量化，但这种量化却难以覆盖有效性的所有层面，有些层面的有效性评价只能借助于分析、主观判断加以进行。同时，两者的有效性尽管存在质的不同，但其评价的结果只能有两种，即有效和无效，这种非黑即白的判断，无论其各自有效性内涵与外延发展到何种程度，都将一直存在。对于内部审计有效性，其有效性是指能满足一个组织的内部审计的基本目标和基本要求，能够取得客观科学的审计结果。当一个组织的内部审计无法达到该组织内部审计基本目标和基本要求，无法取得客观科学的审计结果时，我们只能判定该组织内部审计为无效。在 2013 年 8 月中国内部审计协会修订发布的内部审计基本准则、内部审计人员职业道德规范，以及若干具体准则和指南之中，多处对内部审计有效性加以规定，因此，本书也主要围绕运行过程和运行结果的有效性来对考察我国企业内部审计的有效性。

第3章　内部审计有效性研究的文献综述

随着全球经济的迅猛发展，内部审计定义、目标与职能发生了很大的变化，这些变化必然影响内部审计有效性的研究。两者关系如影相随，亦步亦趋，离开内部审计定义、目标和职能的研究，内部审计有效性的研究便成为无本之木、无水之鱼。

3.1 内部审计目标与职能之变迁

现代内部审计之父索耶（Sawyer）指出："为了服务于客户，内部审计人员必须紧跟影响到股东和管理者的所有变革步伐。"1999年，IIA 根据全球最新发展动态，重新界定了内部审计的定义。围绕内部审计定义、内部审计目标和内部审计职能之变迁，国内外学者展开全方位的研究。而上述三者研究之进展，也正是内部审计有效性评价研究的基础和依据。

3.1.1 内部审计定义之变迁

概念是人们认识事物的最小单位和基本工具。作为用于捕捉某一现象的理论特性，继而又配合其他理论对此现象作出解释的概念，其界定是否准确和完整，将直接影响到应用这一概念的理论能否有效地解释该现象。

内部审计是一种旨在增加组织价值和改善组织运营的独立、客观的确认和咨询活动。索耶（Sawyer）在其名著《现代内部审计实务（第五版）》一书中提出的内部审计定义：是由内部审计师对组织内不同的运营和控制实施系统、客观评价的活动。这一定义进一步突出了内部审计对组织实施系统和客观评价活动的内容，明确内部审计的目的，对今后 IIA 以及我国有关组织对内部审计定义的修订，具有很强的借鉴意义。

2003年，IIA研究基金会汇集理论界和实务界多位享有盛誉的学者，编著了《内部审计思想》（*Research Opportunities in Internal Auditing*），将近10年来主要的前沿课题尽列其中，它从理论和实践两个方面进一步阐释1999年IIA发布的内部审计新定义、新理念，它认为内部审计人员应当重点关注客观性，而一味强调独立性极易造成内部审计部门和被审计单位的冲突与对立。该编著的另一重大贡献是将内部审计置于组织治理的框架下进行考察，将内部审计作为组织治理重要组成部分，并指出内部审计的基本治理活动是进行“风险监控”和提供“控制确认”。

国际内部审计师协会（IIA）自1941年成立至今已近80年了。1947年，协会制定了《内部审计职责说明》，对内部审计及其职责进行定义，其后不断进行修订，使内部审计定义不断得以完善，它记录了内部审计发展的轨迹，将内部审计逐步推向世界，使其成为具有本质内涵的独立的一种职业。1947年IIA首次将内部审计从会计中分离开来，将其定义为建立在审查财务、会计和其他经营活动基础上的独立评价活动。这种观点一直延续至1999年才得以修改。在随后的1957年、1971年、1978年、1990年、1993年和1999年等若干年中，内部审计的定义又不断地加以修改与更新。

从1993年开始，IIA对内部审计的定义便开始有了较大的改变，1993年IIA对1978年的《内部审计专业实务标准》进行了第一次修订，并分别于2001年和2006年进行第二次和第三次修订。随后，IIA于2009年1月发布了《国际内部审计专业实务框架》。尽管这一实务框架在结构组成、具体内容等方面与上述的实务标准有较大的不同，但对于内部审计的定义却没有任何变化，仍然沿用2001年IIA发布的《内部审计专业实务标准》对内部审计的定义，即“内部审计是一种独立、客观的确认和咨询活动，旨在增加价值和改善组织的运营。它通过系统化、规范化的方法，评价和改善风险管理、控制和治理过程的效果，帮助组织实现其目标”。与1993年IIA对内部审计的原定义相比，上述新定义将内部审计的主要范围扩大到“内部控制、风险评估和治理程序”，将内部审计的目标确定为“帮助组织增加价值、改善组织营运效果”，突出内部审计最终目标的实现，使内部审计活动范围得到进一步延伸，使内部审计职责更突出了与组织目标的一致性。另外，新定义突出内部审计方法，即由原来的“对与被审计活动有关部门的信息进行分析、评价、建议和讨论”改变为系统性、规范性和有效性，以帮助组织提高其风险管理、内部控制和公司治理过程的有效性。同时，新定义也要求审计人员的职业特征也从独立性转变为独立性和客观性并重。2017 年，IIA 发布了最新版本的《国际内部审计专业实务框架》，其中内部审计定义仍然沿用上述的新定义。关于上述新定义，时现（2009）认为，内部审计新定义具有坚定了“独立性与客观性”，将内部审计功能从“确认”拓展到了“咨询”，强调了“由组织管理”，突出了“附加价值”和“帮助组织达到目标”，有系统并依规定的步骤，预期组织作业环境的变迁并保持动态，专业并致力追求卓越等 7 大特点。

2013 年 8 月，在中国内部审计协会发布新修订的《内部审计基本准则》中，将内部审计定义为：“是一种独立、客观的确认和咨询活动，它通过运用系统、规范的方法，审查和评价组织的业务活动、内部控制和风险管理的适当性和有效性，以促进组织完善治理、增加价值和实现目标。”这一定义进一步与国际内部审计接轨，它与 IIA “帮助组织实现其目标”的定义相一致，同时，也彰显内部审计已经具有现代的增值服务的特征。

2018 年，审计署发布《审计署关于内部审计工作的规定》（审计署令第 11 号），将内部审计定义为：“是指对本单位及所属单位财政财务收支、经济活动、内部控制、风险管理实施独立、客观的监督、评价和建议，以促进单位完善治理、实现目标的活动。”与审计署 2003 年发布的《审计署关于内部审计工作的规定》（审计署令第 4 号）相比，增加了评价和建议两项职能。从而证明内部审计职能的拓展，凸显内部审计的咨询服务价值。

比较国内外两种最新的定义不难发现，两者在内部审计的目标、基本职能、性质等方面存在较大差异，这也恰恰折射出中外内部审计理论与实践的发展处于不同阶段和水平。西方国家的内部审计已完成从传统财务审计向经营审计的过渡，并开始向风险导向审计、战略审计转变；它们重视内部审计的咨询和服务职能，内部审计的目标也从服务于管理当局发展成为增加价值，改善组织经营，帮助组织实现其目标。我国仍处于从传统财务审计向经营审计过渡的阶段，而随着 IIA 最新的内部审计目标对我国的影响的日益加深，张先治和滕晓东（2010）认为，我国的内部控制规范体系已经建成，内部审计已由幕后走向前台，内部审计理念将发生四个转变：从财务审计向财务报告内部控制审计转变；从经营层业务导向审计向战略层治理导向审计转变；从事后审计向全程审计转变；从查错防弊导向审计向价值增值导向审计转变。

3.1.2　内部审计目标之变迁

根据 IIA 的最新定义，内部审计的主要目标已不再局限于传统的防弊和兴利，增加了价值增值一项，内部审计既是一种认证活动，也是一种咨询活动，内部审计的服务由审计领域延伸至咨询领域，IIA 将咨询作为一项独立职能予以提出，与内部审计以往只具有认证职能形成了鲜明的对比。由此可见，IIA 将内部审计职能划分为认证和咨询两大核心职能。认证即对事务或信息的再确认，这一职能可以为企业的风险管理提供可靠的保障，适用于企业运作的各个方面，而不仅限于财务审计和经营审计。咨询职能建立在认证基础之上，由于内部审计人员对企业的制度、管理和经营控制进行认证，因而拥有比其他管理人员更为丰富的信息和经验，加之较其他管理者更为精深的专业知识，从而能够对企业的战略经营和管理提供咨询性建议。这两项职能相辅相成，认证服务可以使内部审计人员获得经验，而咨询则是在认证基础上形成的建议与策略。把内部审计定义为一种价值创造活动，即内部审计是公司增加价值的载体，它的最终目标就是帮助实现公司的战略目标——为股东和其他利益相关者创造价值，而实现内部审计目标就必须对公司的风险管理、内部控制、治理过程的有效性进行评估。

内部审计目标是审计主体通过内部审计活动所期望达到的目的。它不仅要随着审计环境变化而变化，同时，也必须随着受托责任关系及管理控制的变化而调整，在内部审计功能所能及的范围逐步得以改变。另外，内部审计目标也与内部审计职能共生与互动，两者相辅相成。内部审计功能会随着人们认识的变化而不断发展与充实。表 3 - 1 是 IIA 对内部审计目标在各个不同阶段的总括描述，同时这些内部审计目标变化，内部审计职能也随之不断演变。

表 3 - 1　IIA 内部审计职责说明书等的内部审计目标

发布年份及相应文号	内部审计目标
1947 年 SRIA No. 1	帮助管理者有效管理
1957 年 SRIA No. 2	帮助所有管理者履行职责
1971 年 SRIA No. 3	帮助所有管理者履行职责
1976 年 SRIA No. 4	帮助所有管理者履行职责
1981 年 SRIA No. 5	为组织提供服务
1990 年 SRIA No. 6	帮助组织成员有效履行职责
2001 年内部审计实务标准框架（SPPIA）	增加组织价值并提高经营效率
2009 年国际内部审计专业实务框架（IPPF）	增加组织价值并提高经营效率

资料来源：根据 IIA 六个 SRIA 及 2001 年内部审计实务标准框架、2009 年国际内部审计专业实务框架整理形成。

蔡春（1996）认为，内部审计目标就是保证和促进受托经济责任的全面有效履行。审计目标是一种主观见之于客观的行为，所以公司内部审计总是与其审计环境共生与互动，审计目标一方面要反映其环境的客观需要；另一方面，它又是由内部审计人员在充分认识升级环境的基础上结合审计功能加以确定的。王光远（2003）将20世纪的内部审计目标分解为三个阶段，并认为各个阶段审计目标和功能都在发生质的变化。第一个阶段为传统内部审计阶段，内部审计侧重于查错防弊；第二个阶段为管理审计阶段，内部审计除消极防弊外，还具有积极兴利的作用；第三个阶段为融风险管理、公司治理和内部控制审查于一体的阶段，内部审计扩展至具有增加组织价值的作用，它通过对风险管理、治理和内部控制进行确认，并在缺陷整改中发挥咨询作用。

时现等（2008）提出，内部审计的最终目标是帮助组织增加价值。曾智媛（2009）认为，内部审计具体目标是组织的总体目标，即风险导向内部审计的一般目标和关键风险点的选择与确定。魏昌东（2010）提出，我国内部审计目标存在制度层面和操作层面的分离，从制度规范层面上看，内部审计目标因定位为促进组织目标的实现，但从操作层面上看，内部审计目标却只是被定位于查错防弊和评价各分支机构履行经济责任的状况。屈耀辉（2012）提出，内部审计目标应该包括有效性、真实性、公允性、合法性、合规性、合理性和效益性7个目标。王素梅和郑石桥（2017）认为，内部审计目标包括两个目标：一是终极目标，二是直接目标。前者是利益相关者希望通过内部审计得到的结果；后者则是审计人希望通过内部审计得到的结果。依此划分，2001年发布的内部审计专业实务标准（SPPI）和2009年发布国际内部审计专业实务框架（IPPF）所列“帮助增加组织实现其目标”应作为内部审计终极目标，而“评价并改善风险管理、控制和治理过程的效果”则应作为以上两个标准的直接目标。本书认为，上述关于内部审计目标划分，对内部审计有效性评价标准提供重要的参考依据。由于不同阶段直接目标具体内容不同，例如，作为审核机制的内部审计，其审计目标是合规性和真实性；作为监督机制的内部审计，其审计目标是合规性、真实性和合理性；作为监视机制的内部审计，其审计目标是健全性或合理性。这便为我们通过审计人不同时期的直接目标设置内部审计有效性评价的指标及其各自权重提供直接的依据。

2018 年 3 月 1 日，我国新修订的《审计署关于内部审计工作的规定》正式实施。该规定衔接了 IIA 发布的《国际内部审计专业实务框架（2017）》与我国发布的《内部审计准则》。内部审计目标从促进加强经济管理和实现经济目标拓展为促进单位完善治理、实现目标。

3.1.3 内部审计职能之变迁

吴水澎（2000）提出，职能是一个事物的本质功能，是该事物本质的表现。同样，内部审计职能是内部审计本质属性的反映，同时也是人们对企业内部审计作用的一种抽象认识。进一步分析内部审计职能与独立性的内在联系，有助于我们对内部审计职能的深入了解。现代内部审计职能的内在矛盾在于：咨询职能可能对认证职能履行时所必须具备的独立性产生影响。国外研究人员对此进行了一些实证分析。Zanzig（1998）在其博士论文中提出，内部审计师与企业被审客户之间对内部审计职能的认识存在较大的差别。被审人员往往会认为内部审计人员不应当让咨询服务影响独立性评价，而内部审计人员自身认为，内部审计人员不应直接参与组织的设计、经营，即直接的咨询服务，但可以发挥管理咨询建议的作用，即内部审计职能中的咨询性职能。Rittenberg（1999）认为，内部审计是一项独立、客观的认证活动，同时也是一项有助于组织运营增值的咨询活动。Flesher 和 Zanzig（2000）将 77 名内部审计人员和 64 名管理会计人员对职责概念的理解进行对比发现，内部审计人员与管理会计人员都认为，内部审计师必须在提供咨询以及进行独立性评价之间保持适当的平衡。Sarens 和 Beelde（2004）对比了美国公司和比利时公司的内部审计部门在风险管理中所起的作用，从而进一步研究了影响内部审计职能的三个变量：组织支持、报告关系和内部控制系统。

20 世纪 40 年代，内部控制制度日趋完善，企业管理者的需求也从对具体经济事项的监督发展到对内控制度建设的监督和评价，内部审计模式从传统的账簿基础审计逐步过渡到制度基础审计。这个阶段的主要职能是对控制程序和内部控制制度的监督和评价。蔡春等（2006）提出，无论是账簿基础审计还是制度基础审计，审计的工作范围基本上都集中在财务领域而未深入管理和经营领域，这一阶段的内部审计属于财务审计。

进入 20 世纪 60 年代以后，企业之间的竞争日益激烈，管理者对于降低成本、提高经济效益的要求更加迫切，于是，经营审计、绩效审计、3E 审计（经济性、效果性、效益性）等新兴审计项目发展起来。此阶段的内部审计跳出了财务审计的圈子，深入企业生产经营活动当中，对企业的经营活动及其效益进行合理的分析和判断。

到了 20 世纪 80 年代，内部审计开始对组织内部的各种管理活动进行检查和评价，开展了管理审计。这一阶段的内部审计职能除了监督和评价外，还体现了以咨询职能为代表的事前审计。

20 世纪 90 年代，公司治理浪潮愈演愈烈，公司内部控制的重点转向治理目标的实现，内部审计采取各种方法强化风险管理和内部控制建设。蔡春等（2006）认为，在审计技术方法上，内部审计发展进入了一个以风险管理和公司治理为标志的新阶段。风险导向审计使内部审计人员开始关注组织的目标和风险，审计报告的重点逐渐转移到目前和未来的规划。然而，安然事件后，内部审计有职能回归的倾向，开始重新审视认证性这个传统职能的履行情况。经历一系列加速改革之后，后安然时代的内部审计进一步强化了传统职能。

总体来看，内部审计经历了从财务审计向经营审计、风险管理审计发展；从账表导向审计向风险导向审计发展；从事后审计向事前审计发展；从单一的监督职能逐渐向评价、控制、咨询等多职能方向发展的阶段。

国内学者对内部审计职能的学术观点大概可以分为三类，即单功能论、双功能论和多功能论等。王德升、阎金愕、邓桂兰和樊其国等是一职能论和单功能论的学者代表，他们认为内部审计的职能是经济监督，在组织内部具有相对独立性，对组织产生约束的一种机制。双功能论的学术观点则认为，内部审计的职能兼有监督和评价功能，即内部审计以对组织经营活动监督为基础职能，同时，随着组织的需要扩展了经济评价的职能。20 世纪末以后，众多学者都将内部审计职能的研究视野扩展到了多元化的角度上，同时，将其逐渐拓展为监督、评价、公证、控制、服务、决策、咨询等职能。徐政旦（1989）在其著作中将内部审计的基本职能划分为监督、公证、评价和建设。蔡春（2006）等学者认为，现代内部审计功能正在逐步得以拓展，他将内部审计功能内涵划分为两大类别，即认证性功能和咨询性功能。实践证明，我国内部审计的历史演进实际上也是其职能的变迁过程，内部审计职能服务于内部审计目标。追溯内部审计的发展历程，内部审计职能也从本源的监督和评价职能，逐渐派生出控制和管理职能，至今拓展到治理职能。如图 3－1 所示，内部审计大致经历了“监督型—控制型—管理型—治理型”的过程转变。

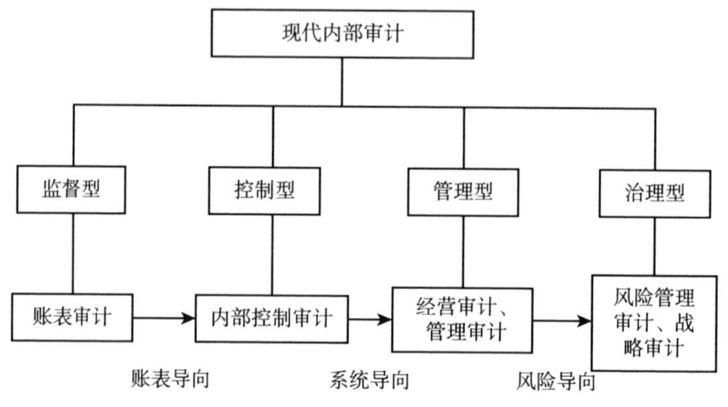

图 3－1　内部审计职能的变迁

我国内部审计发展早期，内部审计的工作是查证财务数据的真实性、合法性，其职能是查错防弊而不是对单位管理作出分析、评价和提出管理建议，此时的内部审计属于账簿基础审计。

相对而言，我国目前仍处于财务审计向经营审计过渡的阶段。20世纪80年代开始，内部审计以财务审计为主，通过对财务报表及其所反映的经济活动的审查，判断财务状况是否真实、可靠。内部审计是基于管理者对多层次、分权管理的需要，为了监督企业内部各级职能部门对高级管理层的受托财务责任而设立的。这一时期内部审计主要发挥的是监督职能。20世纪90年代后期，内部审计在注重财务收支合规性的同时，开始关注经济效益审计①。经济效益审计通过审查评价企业生产经营取得的经济效果或效率，进一步发掘提高经济效益的潜力和途径。因此，当前我国内部审计正逐渐由财务审计向效益审计转型，内部审计目标由查错防弊向积极兴利发展，内部审计职能体现为对经营活动的监督和评价。

2018年3月1日，新修订的《审计署关于内部审计工作的规定》正式实施。该规定将内部审计范围从“财政收支、财务收支、经济活动的真实、合法和效益”拓展为“财政财务收支、经济活动、内部控制、风险管理”；将内部审计职能从“监督和评价”拓展为“监督、评价和建议”。该职能定位决定了内部审计部门的工作目标、工作范围、如何遵循的规章制度和内部流程的实际工作，同时，也进一步明确如何评价内部审计履行职能的有效性等。

3.2　内部审计有效性的基本内涵

所谓有效性，是指事物功能发挥出来实际起到的作用。有效性既

① 经济效益审计这一术语属于我国审计界独创，意指包括国外流行的诸如“经营审计”“绩效审计”“管理审计”“3E审计”“5E审计”“综合审计”等，有别于传统财务审计的核心内核。这一术语不仅迎合我国经济改革向提高经济效益为中心转变的惯性思维，而且切中该类审计的要义（即实现经济性、效率性和效果性目标）。

是事物功能发挥的客观结果，也是事物功能发挥的过程，同时，有效性更是一种对事实功能发挥结果的评价。在ISO9001：2000的新版标准《质量管理体系基础和术语》中，将有效性定义为“完成策划的活动并达到策划的结果的程度”，该新版标准中“有效”这个词出现了24处：要求体系“有效应用”“有效实施”“有效运行”的有17处（从0.2至8.5.1条款），要求过程“有效运作、策划和控制”的有3处（4.1、4.2.1、5.6.3条款），在该标准的“3.2.4有效性”中，无论是过程还是质量管理体系，都有策划的结果，即过程期望的“输出”和体系要实现的“目标”，经过过程和体系的运行，达到策划的“输出”和“目标”的程度，就是过程和质量管理体系的“有效性”。

冯务中（2005）认为，制度的有效性就是某种特定的制度对于人的行为发生现实影响的效力。内部审计制度是为实现内部审计目标所做的一系列制度安排，因此，从理论上说，内部审计有效性就是内部审计制度是否对内部审计机构和内部审计人员的行为发生影响效力，以及内部审计制度对于内部审计机构和人员的行为的影响效力的大小。而后者的影响效力的大小，也即内部审计有效性的程度，又有强有效性与弱有效性之分。

要对企业内部审计的有效性进行科学而准确的评价，就应当明确内部审计有效性的真正内涵。Arena 和 Azzone（2009）认为内部审计有效性是指内部审计工作实现其目标的程度。以色列审计署 Stollar 认为，内部审计有效性是指内部审计机构有能力提供客观公正专业的报告，并且对本部门本单位是有所帮助的。Murimi（2013）认为，如果内部审计为组织的内部控制、治理和风险管理流程增加价值，则内部审计是有效的，由此定义了内部审计有效性。Winston 和 George（2016）指出，内部审计的有效性是内部审计最好地实现组织增值的目标。显然，以上诸位学者将内部审计有效性就定义为内部审计工作的目标达到的程度。

2015 年 7 月，IIA 宣布引入新的《国际内部审计专业实务框架》(IPPF)，此后修订的 IPPF 已于 2017 年 1 月 1 日生效。其新增的内部审计实务的 10 条核心原则包括：彰显诚信；彰显胜任能力和应有的职业审慎；保持客观，并且免受不当影响（独立）；适应组织的战略、目标和风险状况；定位适当且资源配置充分；彰显质量和持续改进；有效沟通；提供以风险为基础的确认；富有见解、积极主动，并具有前瞻性；促进组织改善。IIA 国际内部审计专业实务框架审视工作组详细讨论了有效的内部审计应具备的特点后认为，整体而言，这 10 项原则清楚地说明了内部审计的有效性。若内部审计部门被视为有效的话，则全部 10 项原则必须存在并被有效运用。这 10 项原则被工作组视为用于展现有效性最重要的原则。

根据 IIA 最新的内部审计定义，我们能否最大限度地实施内部审计的独立、客观的鉴证和咨询活动，提高增加价值和改进经营内部水平是衡量内部审计有效性的基本要求，具体地说，内部审计有效性是指内部审计设计与实施过程实现其目标的程度。

显然，内部审计有效性越高，也就意味着内部审计目标实现程度越高，即有效性与目标实现程度呈正相关的关系。由此可见，内部审计有效性主要是基于结果加以评价，也即将内部审计工作的结果与目标加以对比，以内部审计的目标作为参照物，实现程度越是接近目标，其有效性也便越高。毋庸置疑，内部审计有效性主要注重“输出”的结果，它是组织所建立的内部审计制度运行结果实现预期目标的程度，因此，这一有效性高低的确定离不开预期目标和运行结果两大因子。一旦预期目标被确定，其运行结果就成为一种变量，一个组织内部审计所实现的预期目标的程度越高，内部审计有效性也就越高。

Anderson 等（2012）构建了一个内部审计有效性的规模的概念模型，同时发现了内部审计的规模与审计委员会的质量、首席审计师的工作经验成正比，与内部审计的外包数量和胜任的内部审计师的比例成反比。

国内的学者对内部审计有效性的研究起步较晚。时现（2003）提出，有效的内部审计能够疏通信息传递渠道，缓解“代理问题”，预防和矫正虚假的财务报表，在公司治理中发挥着重要作用。盖骁敏和王忠杰（2010）通过数学模型推论，得出企业的内部审计效率越高、发现问题后对管理者的惩罚越重，管理者转移企业收入的概率越低的结论。李丽军（2014）认为，内部审计有效性的研究可以分为两类：一类是从质的方面考察内部审计制度设立是否对外部审计、内部控制、盈余管理等方面产生影响；另一类是从量的方面考察内部审计的独立性、部门规模、人员的专业胜任能力以及职责范围等方面，即考察自身特征对财务报告质量等方面产生的影响程度。

要了解内部审计有效性基本内涵，还要明确对谁有效，如何保证有效，以及评价结论到底是设计有效还是执行有效，或是两者皆有。借助内部控制有效性的表述，也许更能帮助我们解决这一问题。纵观COSO前后发布的两个框架，以及我国发布的《企业内部控制基本规范》，内部控制都被界定为一个过程，内部控制评价的最终目的是发现内部控制缺陷与不足之处，进而加以改进。因此，内部控制有效性的结果和实施过程，以及制度设计等，都是有效性评价的重要对象和内容。本书认为，内部审计有效性也应当面对制度设计和执行加以评价，后者又包括过程评价和结果评价。

3.3　内部审计有效性的影响因素

与内部审计绩效评价一样，内部审计有效性是内部审计质量评价体系之一，内部审计质量、内部审计绩效和内部审计有效性三者的评价目标、评价内容和评价结果可能各有不同，但研究内部审计有效性影响因素，又离不开内部审计质量的影响因素的分析。

3.3.1 内部审计质量的影响因素

Clark（1980）从企业管理当局对内部审计的关注度、内部审计队伍综合素养和内部审计报告渠道 3 个因素评价内部审计质量的高低。Brown（1983）在评价内部审计质量时，选取外部审计师对内部审计工作的满意程度、内部审计人员后续教育情况以及内部审计的报告模式 3 种变量。Prawitt 等（2009）提出将内审部门规模、获得 CIA 或 CPA 的内部审计师人数、审计师执业年限、审计工作时长、年均培训课时以及内部审计是否由审计委员会全权负责等 6 项指标作为内部审计质量综合指标。Sullivan（2000）通过实证，检验了独立董事比例与内部审计质量两者间的相关性，结果表明独立董事比例与内部审计质量呈显著正相关关系。Youmans（2010）也认为，内外部因素都会影响内部审计质量，如审计的外部环境、人员专业胜任能力、审计方法等。Mazlina 和 Zaman（2015）在研究内部审计质量以及内部审计对外部审计的贡献时，直接使用外部审计师对内部审计质量的评估结果作为研究的数据。Abdulaziz（2015）在研究文化对内部审计质量的影响时，从内部审计部门的工作绩效来衡量公司内部审计质量。综上所述，高管支持、内部审计规模、内部审计人员专业胜任能力、内部审计工作绩效、外部审计师评价等是影响内部审计质量的重要因素。

IIA（2003）提出包括相关性、可信度和投资回报率三者的内部审计质量等式。PCAOB（2007）审计准则第 5 号中建议审计事务所以专业胜任能力、独立性和工作效率 3 个方面判断内部审计质量的优劣。

21 世纪以来，我国学者对内部审计质量影响因素及其评价研究颇多。王守海和杨亚军（2009）选定内审部门隶属关系、编制人数、有无内审人员专业胜任能力信息披露制度三项指标，作为内部审计人员独立性、专业胜任能力和内部审计工作是否可为财务报表提供帮助的具体指标。陈继初（2010）采用 2008 年度非金融 A 股公司为样本，研究结果表明，监事会会议次数、内部审计人员的组成状况、内部审计经费、公司规模 4 个因素与内部审计质量呈正相关关系。田晓红（2010）研究结果表明，职业品德要素、专业胜任能力要素与内部审计质量具有强的正相关性，咨询、工作分配、督导及监控等要素与内部审计质量间接正相关，考核与评价要素、评估要素可能与内部审计质量正相关，另外，还可能有影响内部审计质量的独立控制要素存在。柯金秀（2011）认为，对内部审计质量产生影响有审计环境、审计资源、审计流程和审计面对的顾客等四大因素。

蔡春（2011）以 2007～2009 年 A 股上市公司为研究样本，研究内部审计的价值增值作用机制和影响效果，研究结果表明，内部审计的质量与公司绩效呈正向显著相关。王长山等（2012）认为，内部审计质量低下的因素包括组织机构缺失，实施方案指导性弱，相关制度不健全，审计人力资源缺乏，审计结论的支撑依据不足以及审计成果价值难以体现等方面。王兵（2014）认为，内部审计负责人领导着公司的内部审计部门，并作为内部审计部门主要决策的制定者，其行为对公司内部审计工作的质量起着决定性作用。张力军和许玉健（2015）提出，内部审计质量的影响因素不仅包括内部审计人员的独立性、专业胜任能力，内部审计部门规模和管理模式，还包括内部审计环境，以及内部审计工作控制。谢志华和陶玉侠（2015）认为，可通过内部审计部门的地位、内部审计规模、内部审计职责范围以及内部审计规章制度的健全性 4 个方面来衡量内部审计的质量。夏鸿义等（2016）在对 2014 年之前在深交所上市有效样本的 394 家 A 股公司研究结果显示，内部审计规模的扩大以及内部审计会议的举行次数在公司绩效的影响过程中均起正向调节效应。何玉润和闫丽娟（2016）对参加北京国家会计学院举办的内部审计培训班 49 家公司的学员进行问卷调查，结果显示，内部审计部门的隶属层次对内部审计质量的影响程度最高，内部审计报告受重视程度的影响程度次之。与此同时，内部审计部门的规模、与其他部门的关系、内部审计领导和人员的能力，以及内部审计的职能也都对内部审计质量有较大影响。

综上所述，我国学者对内部审计质量影响因素的研究范围广泛，规范与实证并举，这些切合国情的研究成果，正是我们研究内部审计有效性评价的基础和重要依据。

3.3.2　内部审计有效性的影响因素

客观地说，内部审计有效性的影响因素，既有外部环境的影响，也有内部环境的影响。外部环境主要包括政治、法律、经济、社会和行业等环境，内部环境主要包括内部审计的独立性、人员素质、业务范围、技术方法等。

Dittenhofer（2001）认为，应考虑通过评价被审计对象的目标实现情况，如经营活动和控制活动是否运行有效，来评价内部审计有效性。国际期权市场协会 IOMA（2002）指出，内部审计有效性取决于内部审计人员与其他部门的沟通、自身的专业胜任能力以及工作范围。Al－TWaijry 等（2003）认为内部审计要保证其有效性的主要因素首先保证内部审计部门独立性，其次是有足够的内部审计人员且其业务素质过硬，最后是要有高管层的支持。

Zain 等（2006）认为内部审计师评价自身对财务报表审计的贡献时，主要关注部门的规模、自身的工作经验以及与外部审计师联系的时间有效性和紧密程度，且两者之间呈正相关关系。Mihret 和 Yismaw（2007）在采用案例研究法对某高校内部审计部门进行研究后发现，内部审计有效性是由内部审计质量、高管层支持、组织设置以及被审单位特征等若干因素相互作用的结果，其中内部审计质量和高管层支持等对内部审计有效性的影响最大。Arena 和 Azzone

（2009）通过对153家公司调查，发现审计队伍的规模、内部审计活动采用风险评估技术的水平、首席审计执行官与IIA的关联程度，以及审计委员会介入内部审计活动中状况，都会影响内部审计有效性。Cohen和Sayag（2010）采用问卷和邮件调查形式，对以色列292个企业内部审计有效性的决定因素进行实证检验，结果显示，管理层的支持，尤其是拥有精通内部审计人员，职业发展和内部审计师独立性等方面，对内部审计的有效性具有显著影响。

Karagiorgos等（2011）对希腊酒店业内部审计进行研究，论证了控制环境、风险评估、控制活动、信息通信与检测5个要素与内部审计有效性之间的相互作用，并揭示了各个变量之间的正相关关系。Ongeri（2011）研究了肯尼亚公共部门的内部审计，指出审计部门完全独立、配备足够训练有素的人员、密切进行监督项目3个因素可增加内部审计有效性。Alzeban和Gwilliam（2014）从203个经理和239个内部审计人员、79个沙特阿拉伯公共部门组织获取数据，审查了该国政府内部审计职能的有效性，研究结果表明，内审部门独立性、资源的充足性、内外部审计人员的关系，以及高管人员支持都是影响内部审计有效性的重要因素，其中又以高管人员支持为最。

George等（2015）实证研究结果表明，内部审计有效性影响的因素包括独立性、内部审计质量、审计组织能力以及高管支持4个因素，其中又以独立性为最。Ariga和Gathogo（2016）通过问卷调查了纳库鲁县政府内部审计有效性的影响因素，研究肯尼亚的政府内部审计情况，研究显示，审计委员会的组织独立性与内部审计有效性之间的关系是一个积极的关系。Chevers等（2016）研究牙买加商业银行内部审计有效性的影响因素，发现审计工作质量、组织独立性、内部审计人员专业素质和管理层支持等是主要因素。Endaya和Hanefah（2016）通过对发展中国家的内部审计部门进行实证研究，结果显示，内部审计人员特征显著影响内部审计的有效性，而高管支持通过影响内部审计人员的独立性与审计范围，进而影响内部审计活动和内部审计有效性，但其只具有调节作用。

国内学者对内部审计有效性的研究起步较晚，陈翔（2005）认为，内部审计是否有效的核心判断是能否满足受托责任不断发展的需要。内部审计是否有效的外在判断，包括内部审计的目标、对象、职能、方法、程序和重点是否适应内部控制和公司治理的发展水平，审计的结果能否促进内部控制和公司治理的改善。

庄莹（2009）曾运用我国上市公司 2007 年的数据，通过考察年报补丁和盈余管理、内部控制有效性、外部监督机制 3 个方面与内部审计部门的设立及其隶属情况的关系，检验了内部审计监督职能的有效性，发现内部审计部门的设立及独立性与财务报告质量和内部控制有效性正相关，表明内部审计有效地发挥了监督作用。

王丽蓓（2014）以 2007～2012 年沪深两市 A 股制造业上市公司为研究对象构造面板数据模型，研究公司治理环境对内部审计有效性的影响。研究结果表明，目前我国制造业上市公司内部审计有效性综合得分分值不高，外部治理环境对内部审计有效性有重要影响，内部治理环境是内部审计有效性得以体现的保障。同时，股权结构对内部审计有效性影响效果较大，董事会对内部审计的有效性会产生极大的影响，监事会规模与内部审计有效性不存在相关性，管理层对内部审计有效性产生影响。牛磊（2016）以深市中小板上市公司 2012～2014 年的年报财务数据和相应公司 3 年内部审计相关的数据为样本，对内部审计有效性的影响研究。结果显示，内部审计机构规模对内部审计有效性有正向影响，但效果不明显；健全的内部审计制度可以在一定程度上提高内部审计有效性；内部审计人员的专业胜任能力对内部审计有效性有积极的影响；内部审计机构的职责范围越广，内部审计有效性越高；内部审计机构会议数对内部审计有效性的影响关系不显著且方向不明确。郑石桥（2017）认为，应当从独立性、客观性、职业谨慎、专业胜任能力多个维度努力，推进内部审计效果的提升。

内部审计旨在增加组织的价值和改善组织的运营。作为一种独立、客观的确认和咨询活动，它要通过系统化、规范化的方法，评价和改善风险管理、控制和治理过程的效果，帮助组织实现其目标。不难看出，内部审计组织模式、内部审计人员的专业胜任能力、内部审计流程、高管对内部审计的支持等方面都是内部审计有效性和内部审计质量的重要影响因素，都是作为内部审计评价的不同侧面，它们实现的目标并无不同。

综上所述，要使内部审计有效性得到保证，就必须多管齐下，如通过加强内部审计独立性和权威性、改进内部审计的方法、防范和控制内部审计风险，从组织形式上有效保证内部审计机构和人员在组织上与业务上实质性独立。要提高内部审计机构的组织隶属层次，以求其独立性的加强，同时，要强化风险意识，更新和提高现行的内部审计技术；要提高内部审计人员综合素质，以保证内部审计的有效性。我国内部审计协会在其发布的《内部审计具体准则第 2303 号——与董事会或最高管理层的关系》中第一条明确指出，制定该准则的目的是保证内部审计的独立性，增强内部审计工作的有效性。可见，规范内部审计机构的组织隶属情况直接关系到内部审计的有效性。而要保证内部审计有效性，客观上要求优化审计资源的配置，微观层面上则首先要科学合理地设置内部审计机构，明确内部审计部门的隶属关系。本书正是基于这一保证内部审计有效性的重要因素，通过考察内部审计的组织模式、内部审计人员、内部审计流程、高管支持，以及外部审计师 5 个维度的评价特征，形成我国企业内部审计有效性评价体系。

第4章　内部审计有效性的评价体系

企业内部审计评价一般是在运用相关理论与方法的基础上，设计相关定性和定量指标体系，对其内部审计活动的规范性、有效性水平进行客观评价。IIA 指出，内部审计评价有助于内部审计部门遵守准则，同时，还有利于促进内部审计部门实现增值功能、提高组织运行效率和效果。为此，IIA 要求内部审计部门定期开展质量评估。目前，内部审计评价主要有内部审计绩效、内部审计业绩、内部审计有效性、内部审计生产率等的评价方法。

4.1 内部审计质量与内部审计绩效的评价体系

由于内部审计数据收集难度很大，因此内部审计质量的评价困难重重。内部审计应当符合公司的行为规范，从这一意义上说，内部审计是企业内部的一种制度安排。广义地说，内部审计质量是一个大概念，内部审计绩效、内部审计有效性等是其不同的表现形式。而从狭义上说，内部审计质量则是指内部审计机构为保证其审计质量符合内部审计准则的要求而制订和执行的制度、程序和方法。本书旨在建立内部审计有效性评价体系，为此，无疑应当将内部审计质量、内部审计绩效和内部审计有效性三者的评价内容与方法加以比较。

4.1.1 内部审计质量的评价体系

Brown（1983）通过内部审计团队接受培训的时间、内部审计报告的模式、外部审计师对企业内部审计工作的评价 3 个指标，构建内部审计质量衡量方法。Prawitt 等（2009）提出，内部审计质量的高低，有内部审计师平均执业年限、内部审计师获得执业认证的比例、内部审计师每年接受培训的时间、内部审计花在财务报表审计上的时间、首席审计师是否向审计委员会直接报告以及内部审计的规模 6 个指标，并采用中位数一分为二的方法，通过加总求和得到的数值加以评价。

内部审计质量评价体系的构建，既要考虑审计规范的遵从性，也要立足于内部审计组织模式合理性；既要对审计流程和环节进行把控，也要关注公司高层对审计工作的支持度。蔡春等（2009）选取了内部审计部门是否在证监会整改前设立、企业是否制定内部审计制度、内部审计部门的人数以及内部审计部门的隶属单位 4 个指标，并分别按 15%、15%、35%、35% 的权重对内部审计质量进行评价。曹若霈（2014）则借助价值增值理论，构建出包括管理层、董事会、外部注册会计师、管理能力、执行能力及创新能力的六要素的评价体系。邱国峰和缪颖霞两位学者在对国际审计与鉴证准则委员会 2014 年发布的《审计质量框架》的研究基础上，围绕投入要素、过程要素、产出要素、财务报告供应链中关键的相互作用和环境因素 5 个维度，建立内部审计质量评价体系。刘昶和李治堂（2018）则基于审计环境、审计资源、审计工作流程和审计顾客反映 4 个方面构建内部审计质量评价体系。

2014 年，我国发布《内部审计质量评估手册》，制定了内部审计质量评估标准体系，该体系将评估内容分为内部审计环境和内部审计业务两大类。在内部审计环境类中，主要对照《中国内部审计准则》和《内部审计人员职业道德规范》中内部审计管理方面的要求，对组织的内部审计环境和管理情况进行评估；而在内部审计业务类中，主要对照《中国内部审计准则》和《内部审计人员职业道德规范》中内部审计实施方面的要求，对组织的内部审计方法和流程进行评估。两大类别分别细化，形成包含 19 个评估要素、34 个评估要点的内部审计质量评估标准体系。表 4－1 列出两大评估类别中 19 个要素及其评估分值。

表 4-1　　内部审计质量评估标准体系

评估类别	内部审计质量评估要素	分值
内部审计环境（总分55分）	1. 内部审计的独立性与客观性	6
	2. 内部审计机构与治理层或最高管理层的关系	3
	3. 内部审计机构的管理	12
	4. 内部审计质量控制	10
	5. 内部审计督导	6
	6. 人际关系	3
	7. 结果沟通	3
	8. 后续教育	3
	9. 内部审计与外部审计的协调	3
	10. 评价外部审计（外部专家）工作质量	3
	11. 内部审计人员职业道德规范	3
审计业务（总分45分）	1. 审计计划	6
	2. 审计通知书	3
	3. 重要性与审计风险	6
	4. 主要审计工具与技术	9
	5. 审计证据	6
	6. 审计工作底稿	6
	7. 审计报告	6
	8. 后续审计	3

在内部审计质量评价方法上，多数学者采用平衡计分卡方法。例如，范经华（2013）、高岩芳和苍乐（2013）、柯金秀（2013）等采用多维度分析建立内部审计质量的评价体系。屈耀辉、时现和剧杰（2013）以对中广核工程公司和中铁大桥局集团两家中国公司内部审计质量评估为例，对IIA与我国内部审计协会外部质量评估结果加以比较，深入分析了IIA发布的《内部审计实务框架》（PPF）和《国际内部审计专业实务框架》（IPPF）与我国施行的《中国内部审计质量评估手册》之异同，这无疑为我国企业内部审计有效性评价指标与方法提供了直接的实务依据。

4.1.2　内部审计绩效的评价体系

1988年，在IIA的资助下，阿尔布雷特（W. S. Albrecht）、豪

(K. R. Howe)、许勒 (D. R. Schueler) 和斯托克斯 (K. D. Stocks) 共同完成了《评估内部审计部门的业绩》的研究报告。该报告列出对内部审计绩效具有决定性影响的 23 个因素，其中，内部审计人员特质 6 项，内部审计机构特质 6 项，以及组织环境因素 11 项。

按照 IIA 内部审计准则的要求，评价内部审计业绩都应当遵照以下标准，即内部审计职业道德规范，内部审计部门的目的、政策及程序，法律、法规和政府及行业标准对有关审计与报告的要求，认定可审活动、评估风险和确定审计频率及范围的方法，审计计划文件，以及组织计划、内部审计部门的岗位要求、职位说明和专业培训计划等六个方面。根据 IIA 对 11853 位相关人员的调查，测量内部审计活动绩效最常用的指标包括：①审计计划的完成情况 (13.7%)；②审计建议的接受和执行率 (11.8%)；③董事会、审计委员会或高管层管理者的反馈 (10.8%)；④顾客或被审计部门的调查 (9.1%)；⑤良好的风险管理和内部控制 (8.3%)；⑥外部审计者对内部审计活动的信任 (8.3%)。

李曼 (2013) 在对文献梳理的基础上，总结出当前内部审计绩效评估的四种主要观点，即内部审计程序的质量、内部审计活动的效果、综合指标评价和战略导向的内部审计绩效评价；并提出，内部审计绩效的提升主要包括审计质量、客户评价和组织贡献等三个部分。

在评价指标的构建中，许多学者参考了 IIA (1997) 和 Ziegenfuss (2000) 的评价指标，IIA (1997) 归集 73 条评价内部审计部门绩效的标准，并从中选出最重要的 20 条标准，而 Ziegenfuss (2000) 从全球审计信息网络 (GAIN) 84 个指标中总结出最重要的 25 条内部审计绩效指标，详见表 4 - 2。

表 4-2　　内部审计绩效评价指标比较

内部审计绩效评价的维度	IIA 选出最重要的 20 条内部审计绩效评价标准	Ziegenfuss（2000）总结出最重要的 25 条内部审计绩效指标
1. 内部审计组织模式	（1）审计项目经过审计委员的批准 （2）审计委员会对内部审计工作的满意程度 （3）内部审计主管对内部审计职能的陈述 （4）审计委员会对风险的关注 （5）内部审计部门被投诉的次数	（1）审计委员会对内部审计的看法 （2）审计委员会满意度调查的结果 （3）内部审计经理（CAE）的业务报告关系 （4）审计委员会对风险的关注 （5）内部审计经理（CAE）与审计委员会直接会谈的情况
2. 内部审计人员	（1）员工的知识和技能及专业训练 （2）内部审计人员的年培训时数 （3）注册内部审计师占员工的比例	（1）员工经验 （2）审计人员受教育的程度 （3）每名内部审计人员平均培训时间 （4）具有职业认证的员工比例 （5）审计经验的平均年限
3. 内部审计业务流程	（1）被审计事项的重要程度 （2）内部审计工作计划完成百分比 （3）主要审计建议的数量 （4）审计成本节约额 （5）从结束审计到出具报告的天数	（1）审计事项的重要程度 （2）开发质量保证技术 （3）信息技术综合审计 （4）审计计划完成的比例 （5）重大审计发现和建议的数量 （6）审计节约额 （7）从现场工作结束到报告签发的天数
4. 高管支持	（1）管理层对内部审计的期望 （2）审计建议得到执行的比例 （3）管理层的满意程度 （4）被审计者对审计结果的满意程度 （5）改进工作流程的次数 （6）审计结果重复数 （7）已采取的改进审计质量的措施	（1）管理层对内部审计的期望 （2）审计建议得到执行的比例 （3）被审计者满意度调查 （4）对审计部门的投诉数量 （5）被审计者关于内部审计角色的看法 （6）管理层要求的数量 （7）流程改进的数量 （8）重复发现的数量

现有文献表明，评价内部审计绩效的标准比较成熟，而评价内部审计有效性的标准则较少，作为计量内部审计效率性和效果性衡量的

两大视角，绩效和有效性的评价方法共性大于个性，正因为如此，众多学者在对内部审计有效性评价的标准和指标设计上，大多以内部审计绩效的标准与指标为依据，本书也正是基于这一思路建立了内部审计有效性的评价指标体系。

在内部审计研究中，一般将内部审计业绩与内部审计绩效等同视之，对照上述关于内部审计绩效评价的标准涉及的因素，与 Mihret 和 Yismaw（2007）所认可的，内部审计有效性包含的内部审计质量、高管层支持、组织设置以及被审单位特征这四大因素，两者既有区别，又有联系。内部审计绩效评价要从其经济性、效率性和效果性上加以考量，有不少指标涉及内部审计投入与产出等经济性因素。而内部审计有效性评价，则更多的是通过效率性和效果性加以考量。在借鉴内部审计绩效评价指标体系之际，还应当注意到，内部审计绩效指标包括内部审计效率和内部审计效益两大类指标，前者旨在衡量内部审计的运行效率，主要指标有内部审计范围、内部审计计划完成率、内部审计执行率、内部审计建议率和内部审计整改率等；后者则是衡量内部审计对企业经济收益的促进作用，主要指标有审查出违规金率、审查出损失浪费金率、资源节约率和经济增收率等。本书认为，内部审计有效性主要是评价内部审计的运行效率，因此，有必要对内部审计绩效评价指标详加分析，并将其运行效率指标运用于内部审计有效性评价指标之中。

内部审计绩效与内部审计有效性的联系密切，内部审计有效性评价是内部审计绩效评价的前提和基础，只有内部审计有效性得以保证，内部审计绩效的评价才有意义，换句话说，如果一个组织的内部审计被判定是无效的，那么，该组织的内部审计绩效的评价便失去意义。

内部审计有效性评价应当是一个动态的过程，不仅要有衡量工作结果的指标，还应该有过程性评估指标。内部审计职能包括检查监督、评价、咨询服务，而现行绩效评价指标多偏重于监督职能，本书认为，在我国内部审计发展初级阶段，内部审计有效性应当立足于监督职能，因此，许多内部审计绩效的指标恰恰可为内部审计有效性评价所用。

4.2 内部审计有效性的评价分类

我国财政部对内部控制评价主要从设计和运行有效性两个方面进行，本书认为，内部审计有效性的考察也可照此进行，即基于制度设计和流程执行两个方面加以评价。

4.2.1 设计评价与执行评价

内部审计有效性评价是对实现内部审计目标的程度和水平的评价，这是一种以目标为导向的评价思路，根据这一思路，首先是在深入分析内部审计目标的详细分解基础上，对制度设计和过程设计的结果能否达到各分解指标进行对比。根据这一基本思路，内部审计有效性的评价指标也就分为两大类：一类是预期目标，另一类是结果实现指标。这种以目标为导向的评价指标体系，其最大优点就在于其评价结论比较客观、公正。同时，这种评价指标体系所需要的数据资料相对容易获取，尤其是上市公司的相关数据，可以通过公司的披露信息加以收集分析。

企业的内部审计有效性评价一般要围绕设计和运行两个基本环节加以观测和考量。其中，设计有效性通常是对内部审计的制度设计的科学性和严密性加以评价，而执行有效性则是对内部审计的运行过程的合规性和成效进行评价。

内部审计制度设计的有效性，是指内部审计有关制度对审计人员的行为发生现实影响的效力。其间，又要通过定性的方式考察该制度是否对内部审计人员的行为发生实质影响的效力，同时，还要通过定量方式考察该制度对于审计人员的行为产生实质影响的效力大小。设计有效性一般以内部审计制度设计是否存在缺陷加以评判，如果制度设计不存在重大缺陷，就认为内部审计设计是有效的。反之，则认为其是无效的。

有学者认为，内部审计有效性评价属于过程评价，其依据的假设是只要内部审计的投入和过程规范，内部审计的有效性就有了保证。但是，由于影响内部审计质量和效果的因素很多，过程的规范并不一定能够保证内部审计效果的实现，因此，内部审计过程规范并不一定能够保证内部审计有效性的实现，内部审计的有效性评价也不等同于内部审计工作的评价。

内部审计执行的有效性，是指在内部审计工作过程中内部审计组织模式、审计流程质量、高管支持等维度对实现内部审计目标完成情况的表现水平和程度。一般根据内部审计制度实施之后在各个审计环节所体现的结果加以衡量。但是，在进行内部审计有效性评价过程中，有可能产生设计有效、执行无效，或者设计无效、执行有效的评价结果。因此，我们对一个企业的内部审计有效性评价不可能允许设计和执行两种之中有任何一种的无效，换言之，判断一个企业的内部审计是否有效，既要保证其设计的有效性，也要同时保证其执行的有效，仅当两者都是有效的，该企业的内部审计才是有效的。

对内部审计有效性的评价应当逐步通过定量指标，当我们采用以定量评价为主的指标体系对内部审计有效性加以考量时，可能会出现两者考量结果不一致的情况：第一种，即设计有效性的结果略低于预期，而执行有效性高于预期；第二种是设计有效性高于预期而执行有效性低于预期。本书认为，遇此两种，必须坚持执行有效性至上的原则，也即将第一种结果判断为企业内部审计为有效，而将第二种结果判定为企业内部审计无效。这是因为，在内部审计有效性判断的各环节之中，执行是设计的后续环节，执行结果如果是高效的，则即使设计环节有效性略显不足，仍然可以认定企业内部审计是有效的。当然，如何将设计与执行的预期结果加以量化，进而借以划分上述的“略低”的界限，值得我们再作进一步研究。

4.2.2 整体评价与分类评价

王彤（2012）认为，应当将内部审计增加价值这一新的总目标分解成审计机构下属部门和个人的分目标，从而建立以内部审计总目标为中心、又与组织目标一致的目标体系。

目前，学术界对内部审计有效性的研究可以分为两类：一类是将内部审计看作一个整体，考察内部审计制度设立是否对外部审计、内部控制、盈余管理等方面产生影响；另一类是从内部审计的自身特征出发，通过独立性、部门规模、人员的专业胜任能力以及职责范围等方面，评估内部审计有效性程度，这也就是分类有效性。

自2013年8月以来，中国内部审计协会先后修订发布了《中国内部审计准则》，将内部审计具体准则分为作业类、业务类和管理类三大类，修订后的内部审计准则体系由内部审计基本准则、内部审计人员职业道德规范、22个具体准则、5个实务指南构成。该准则体系借鉴国际内部审计准则的经验，体现准则体系的系统性和准则之间的逻辑关系，为准则的未来发展预留了空间。为了便于分析，本书对新发布的《中国内部审计准则》所表述的内部审计有效性加以归类，如表4－3所示。

表4－3　《中国内部审计准则》中有关内部审计有效性的表述

相关项目	内部审计有效性的具体表述	《中国内部审计准则》出处
内部审计工作	内部审计工作的有效性	《第2302号内部审计具体准则——与董事会或者最高管理层的关系》
内部审计机构	内部审计机构管理的适当性和有效性	1. 《第1101号内部审计基本准则》 2. 《第2301号内部审计具体准则——内部审计机构的管理》

续表

相关项目	内部审计有效性的具体表述	《中国内部审计准则》出处
内部控制与风险管理	1. 内部控制的有效性	1.《第 2101 号内部审计具体准则——审计计划》
	2. 组织内部控制设计和运行的有效性、内部监督机制的有效性	2.《第 2201 号内部审计具体准则——内部控制审计》
	3. 内部控制和风险管理的适当性和有效性	3.《第 1101 号内部审计基本准则》《第 2109 号内部审计具体准则——分析程序》
	4. 内部控制及风险管理体系的健全性及其运行的有效性	4.《第 2202 号内部审计具体准则——绩效审计》
	5. 内部控制和风险管理机制的有效性	5.《第 2204 号内部审计具体准则——对舞弊行为进行检查和报告》
员工等管理	1. 员工行为规范的合理性和有效性；业务活动授权审批制度的有效性	1.《第 2204 号内部审计具体准则——对舞弊行为进行检查和报告》
	2. 人力资源利用的充分性和有效性、审计项目管理与控制的有效性	2.《第 2301 号内部审计具体准则——内部审计机构的管理》
	3. 评价活动预期结果的有效性、外部审计所采用审计依据的有效性	3.《第 2307 号内部审计具体准则——评价外部审计工作质量》
信息系统	1. 信息系统内部控制运行有效性	1.《第 2203 号内部审计具体准则——信息系统审计》
	2. 信息系统运行的有效性	2.《第 2204 号内部审计具体准则——对舞弊行为进行检查和报告》
	3. 控制有效性、内部控制设计合理性和运行有效性、应用控制的有效性	3.《第 2203 号内部审计具体准则——信息系统审计》

由表 4－3 可以看出，内部审计有效性不仅表现在内部审计的整体有效性上，同时，也表现在各个审计机构和审计类别的局部有效性上。在新修订的内部审计准则中，对内部审计整体和分类有效性评价涉及内部审计工作、内部审计机构、内部控制、内部控制与风险管理、信息系统等若干方面，其中，又以内部控制有效性出现频率最高，主要涉及组织内部控制设计和运行、内部监督机制、应用控制等方面。另外，我们还发现在新修订的《中国内部审计准则》中，内

部控制与风险管理的有效性并列其中，这也说明我国内部审计工作与时俱进，逐渐关注风险管理领域。当然，内部审计的诸多内容在新修订的内部审计准则中没有直接以“有效性”加以表述，也并非说这些内容不能以有效性加以评价。

一般地说，内部审计有效性的整体评价必须借助于分类有效性评价，分类评价的叠加即形成了整体评价的依据。正是基于这一认识，本书认为，研究企业内部审计有效性评价应当围绕内部审计组织模式、内部审计人员、内部审计流程、高管层支持，以及外部审计师等五个大类加以进行。

4.3 内部审计有效性评价体系构建的基本思路

要构建一个适合我国企业的内部审计有效性评价体系，首先是将内部审计目标转化为一套可直接进行衡量的评价指标体系，其次是确定各指标评价指标的权重。

史宁安等（2006）对审计服务提出三个层次：第一层次是符合技术要求，它是审计服务最基本、最基础、最起码、最低层次的要求，也正是审计强调贯彻审计准则、严格按照审计准则操作的根本所在；第二层次是满足审计使用者需求；第三层次是使“审计用户”满意，这是审计服务的最高层次。在我们研究内部审计有效性的过程中，审计用户满意度的考量是一项不可或缺的重要指标。

4.3.1 内部审计有效性评价体系的构建应与时俱进

内部审计评价的对象、内容有不同的表述，徐政旦（1997）从审计业务活动层面对“内部审计评价”进行了定义，他认为，内部审计评价是对已实施审计活动的分析和总结，以提高审计活动的质量、效率和效果，并为将来的审计活动提供借鉴。这是从总体上定义了内部审计评价的内容和目标。在我们对内部审计有效性评价进行研究过程中，首先必须厘清内部审计质量评估和内部审计有效性评价两者的区别与联系。内部审计质量评估是以《中国内部审计准则》《内部审计人员职业道德规范》为标准，对企业内部审计实现目标的程度进行评价。其主要作用是提高内部审计机构和人员履行职责的规范化水平，促进内部审计工作有效开展，推动内部审计的专业化管理。内部审计有效性评价的标准与内部审计质量评估本质上是一致的，也是对企业的内部审计活动进行检查，进而评价内部审计的管理和实施情况是否遵循《中国内部审计准则》和《内部审计人员职业道德规范》等规定，但目标却有所不同，内部审计有效性旨在通过一系列检查活动，最后判断企业内部审计是否合格有效，为此，其评价固然可以《内部审计质量评估办法》《中国内部审计质量评估手册》为参考依据，但绝不是照抄硬搬，而应立足于合格、有效的基本要求，其重心在判断企业的内部审计是否有效。

内部审计有效性直接体现为内部审计职能的发挥程度。无疑，通过考察内部审计职能的履行程度可对内部审计有效性加以评价。当前，我国内部审计的目标是防弊兴利（王光远，2003），其中查错防弊是内部审计的传统目标，与之相联系，内部审计具有监督和评价职能，其中监督职能也就成为最基本的职能。内部审计有效性是内部审计职能的发挥程度最直观的体现，如果要对内部审计有效性评价加以评价，考察组织内部审计职能的履行情况和履行程度最为直截了当。具体地说，就是考察组织能否最大限度地实施内部审计的独立、客观的鉴证和咨询活动，提高增加价值和改进经营内部水平的结果。鉴于此，公司内部审计有效性评价标准主要围绕其鉴证和咨询两大职能加以设计，具体地说，体现在其能否有效防止企业内部的舞弊行为，对提供可靠的财务报告和遵循法律法规方面能否提供合理保证，同时，还应当体现在其是否能提高企业的经营效益，为企业增值服务。

内部审计评价是在组织中依据预先确定的标准和程序，对内部审计进行的全面、系统考察与分析，是反馈相关信息并引导内部审计发展的管理活动。内部审计评价需要根据内部审计工作的目标、定位和运作等开展。自 2001 年 IIA 提出内部审计增值的概念以来，国内外学界和实务界对内部审计的增值目标已达成共识，并从公司治理、风险管理等不同角度，展开了对内部审计的理论基础的探讨。2010 年 1 月，IIA 发布的新版《国际内部审计专业实务框架》中，强调内部审计的目的“旨在增加价值和改善组织的运营”，因此，内部审计评价的重点必然向评价内部审计“增加组织价值”的合规性、有效性发展。由此可见，评价内部审计有效性的指标体系并非一成不变，而应当是一个动态过程。

严格地说，内部审计有效性评价所采用的是目标导向性评价模式，与要素导向型和层级导向型评价模式不同的是，该模式的基本原理是根据内部审计工作目标的完成程度来评价内部审计工作，也即按产出目标、审计结果运用目标和完善治理目标等三类加以评价。企业内部审计有效性主要取决于审计机构组成和审计业务开展情况是否满足职责履行的要求、内部审计结果是否有效运用、内部审计是否有效促进单位完善治理和目标的达成等方面。

4.3.2 逐步建立以定量为主的评价体系

评价内部审计的有效性，包括定性和定量的评价。目前，对内部审计有效性的定性评价指标居多，而定量评价指标偏少。对企业内部审计有效性的定性评价的新思路，是美国 SOX 法案第 404 条款的实施，该条款的内部控制有效性评价的方法，可为评价内部审计有效性提供最直接的依据。定性指标与定量指标相辅相成，但各有利弊。前者主观性较强，不利于对内部审计有效性的准确判断，而后者则有指标设计与取数困难，评价实施难度高、成本较高，无法顾及成本效益原则等不足。因此，如何合理地为内部审计有效性设计定性与定量指标方能使两者相得益彰，便显得至关重要。王光远指出，由于内部审计部门是一个费用中心而非一个利润中心，故评价内部审计业绩较为困难。其主要表现在，内部审计部门获得的效益难以量化，内部审计部门提供的服务难有一定的方法和一致的标准，内部审计部门对组织的贡献短期内难以被测出，内部审计所耗费的成本无法以货币计量，因缺乏内部审计制度而产生的或有损失难以客观估计，内部审计业绩的衡量与责任的归属很难断定。

当前，内部审计管理成效一般以定性的指标为主加以进行，而内部审计评价无论是定性，还是定量，都缺乏精确度。这是因为，许多评价需要内部审计人员主观判断，而由于内部审计人员专业胜任能力高低不同，因而难免存在结果的迥异。同时，组织规模不同，内部审计业务流程不一，也使审计评价存在弹性，进而影响审计评价的准确性。为此，本书力求通过定量指标的设计，对各评价指标作出较为客观的评价。

4.4　内部审计有效性评价体系的构建

内部审计有效性评价指标是一个系统化的评价指标体系，它基于企业的内外部环境，对企业实现战略目标形成有核心影响力的关键性指标。无论是设计评价还是执行评价，抑或是整体评价和分类评价，内部审计有效性固有的内在复杂性是无法完全准确观测到的，这就向我们提出一个问题，即哪些类别是可观测到的，哪些类别是难以观测到的。为了做到尽可能准确地判断企业内部审计是否真正有效，我们只能尽可能地将判断建立在可观测的项目之上，同时，在众多可观测到的项目中，我们往往不可能设计出足够多的和足够精确的观测指标，何况，各个企业的内部审计设计与执行之间的差异，也就决定分类观测点的设计不可能完全一致。如此，也就可能存在结论误差。

4.4.1 内部审计有效性评价体系的基本框架

内部审计有效性是指内部审计主体为促进组织目标的实现，所发挥其职能作用的程度。具体地说，它是指内部审计实现其目标的水平和程度，因此，这种度量的衡量与确定由两个因素所决定：一是预期目标是什么；二是运行结果如何。当预期目标确定之后，内部审计有效性的高低与运行结果的优劣呈正相关关系，换句话说，运行结果实现预期目标的程度越高，内部审计有效性就越高。

内部审计有效性评价是一组期间指标，并非一组时点指标，它也是指年度评价或者更长一段时期企业内部审计的有效性的目标指标实现程度如何，内部审计各个组成要素、各个审计程序之间相互影响和相互作用，且这些组成要素和审计程序的相互作用和相互作用的结果又直接影响着内部审计整体的有效性，因此，内部审计有效性评价基本框架也就必须尽可能地全面涵盖。

2002 年 IIA 所发布的研究报告《内部审计部门的平衡计分卡框架》，系统地阐述了内部审计部门绩效评价之中使用平衡计分卡的必要性和具体做法。2009 年，IIA 又在其所发布的研究报告《绩效审计》中，对各种内部审计绩效计量方法做了研究，其中也包括平衡计分卡的方法。IIA 在为内部审计部门设计平衡计分卡时，并不否定沿用经典的“财务、客户、内部流程和创新、增长”这四个维度的做法。根据 IIA 对 11853 位相关人员的调查，测量内部审计活动绩效使用方法中，平衡计分卡方法被认为是未来 5 年间会受到最多重视（4.1%）。众多学者认为，采用平衡计分卡评价内部审计质量是大势所趋。国外许多学者也认同这一方法。例如，Cristina Bota - Avram（2010）等主张采用平衡记分卡对内部审计进行业绩评价。Ahmad

Feizizade（2012）认为将平衡计分卡作为内部审计有效性的评价更有优势，并构建从与利益相关方需求的一致性、能力、专业标准的遵守、结果的衡量四个行动领域为管理层、审计委员会和内部审计师提供了一个评估内部审计有效性的高级框架。

在我国，闫学文等（2013）根据审计委员会、管理层、外部审计师、管理能力、执行能力和创新能力六个维度，设置了内部审计评价的指标体系。李兆华等（2014）将企业内部审计有效性分解为被审计单位、外部审计师、部门管理、业务执行、学习与成长五个维度，提高了指标体系的价值导向性，为评价企业内部审计有效性提供了一种可行的方法。王玲（2014）将内部审计有效性综合评分标准归纳为四个决定因素，即隶属关系、职业资格、内部审计策略，以及有效性评估。在这四个因素中，第一因素系内部审计组织设置，第二、第三和第四个因素系内部审计质量的具体内容。但尚缺少高管层支持的评价，因此，评价内部审计有效性似欠完整。李丽军（2014）认为，评价内部审计有效性至少可以从内部审计的独立性、内部审计的规模，以及内部审计人员的专业胜任能力等三个方面加以关注。梅文瑜（2017）从独立性、专业胜任能力、高级管理层的支持和内部审计工作质量等四个方面对企业内部审计有效性加以评价。

综上所述，当前我国学者对内部审计有效性的评价通常都采用平衡计分卡方法，通过客户、内部流程、学习与成长、财务四个维度来审视内部审计组织自身有效性，把战略置于中心地位，它可能使部门和业务单元记分卡与组织总体记分卡达到统一。这种根据独特的部门使命和战略目标设计的方法，符合内部审计有效性评价标准的内在要求。但是，由于内部审计产生效益具有间接性、长远性，且难以准确度量和不符合成本效益原则等特点，因此，本书认为，不宜将财务维度指标作为评价的必要因素。这是因为，在将平衡计分卡方法应用于内部审计有效性评价中，侧重考察内部审计的效率和效果，更有理由不将财务维度列入其中。

本书认为，我国企业内部审计有效性评价体系的基本框架，应当由内部审计组织模式、内部审计人员、内部审计流程、高管支持，以及外部审计师等五个方面构建形成。

4.4.2 内部审计有效性的影响程度分类

内部审计有效性影响因素较多，因此，拟构建一个基于我国国情企业的内部审计评价体系，有必要根据影响因素的重要程度加以分类，尽可能地形成一个科学合理的评价指标体系。

以色列审计长公署高级审计师斯多拉（Stolla）采用变量法衡量某一组织的内部审计有效性，他将内部审计有效性分解为工具、方法和效率等3个变量，同时又将这3种变量所属的各种因素分为决定性因素和影响性因素两种，其中，每一种变量分别对应一个决定性因素，而每一种变量的影响性因素则由若干个项目组成，如表4－4所示。

表4－4　　内部审计有效性的决定性与影响性因素

工　具	方　法	效　率
1. 决定性因素	1. 决定性因素	1. 决定性因素
有无内部审计机构	是否实施过审计	有无提交过审计报告
2. 影响性因素	2. 影响性因素	2. 影响性因素
（1）有无审计法规或程序	（1）是否有审计计划	（1）审计计划实施程度
（2）有无足够的审计人员	（2）是否包括重要的事项	（2）是否听取了不同意见
（3）具有权威性	（3）是否包括重要的单位	（3）接受者的阶梯分布
（4）具有独立性	（4）工作重点是否准确合适	（4）领导层的重视程度
（5）执业能力达到一定水准		（5）内部审计委员会是否进行了有效的讨论
（6）工作人员有合适的工资		（6）审计意见的执行情况

表4－4中每一个因素和每一个项目分值都规定为1或0，当回答为肯定的则得分为1，回答为否定的则得分为0，以此来评价某一组织的内部审计有效性。斯多拉（Stolla）提出，组成一个组织的内

部审计有效性各个变量、因素和项目是一种乘法关系，上述决定性因素和影响性因素都只有一个。决定性因素与影响性因素是一种相乘的关系，在每一种变量中，如果决定性指标得分为 0，无论影响性指标得分多少，该变量的评价值也为 0，又因为有效性最终评价结果是三个变量评价得分的乘积，因此，只要其中有一种变量的分值为 0，该组织内部审计有效性的评价值就为 0。斯多拉（Stolla）提出的上述方法，其主要作用有两个：一是将各影响因素分为决定性与影响性；二是突出决定性因素的“一票否决”的作用。当然，上述的各个影响因素是否是内部审计有效性的最基本要素，仍有待商榷。但上述的因素关系是为我们提供关于内部审计有效性评价的基本思路。

无独有偶，2002 年，德国内部审计协会发布的《德国内部审计协会 3 号审计准则》，并在此基础上发布了《质量评估实施指南》，该《质量评估实施指南》中制定了质量评估体系的 80 条评估标准中，其中有 6 条标准被定义为最低标准。最低质量标准必须被满足，若有一条不满足则该内部审计的质量评估结果直接为不合格，详见表 4－5。

表 4－5　德国内部审计质量评估体系中最低质量标准

序号	最低质量标准具体内容	所属类别
1	公司应有相关正式的书面规定	基本要素—组织机构
2	审计部保持与其他职能相对的中立性及独立性，审计及咨询活动范围应不受限制	基本要素—组织机构
3	人员配置——内部审计拥有合理的有质有量的人员配置	基本要素—预算
4	内部审计工作计划的制定应以标准化及风险为导向的计划流程为基础	基本要素—计划
5	审计行为及审计结果的类别和范围应能使用统一的、实事求是的并且规范的文件资料加以记录	具体执行—执行
6	审计报告中所提及的审计措施的执行情况应通过已建立的后续跟踪流程被内部审计部有效监督	具体执行—后续跟踪

根据以上德国发布的 6 条最低质量标准，评估中如果有一条满足，则被评估企业的内部审计质量一定为不满意。本书认为，上述以

色列和德国的最低质量标准的规定，值得我国在进行内部审计有效性评价时加以借鉴。

国内学者也有上述影响程度分类之说。李兆华等（2014）基于BSC法建立企业内部审计有效性评价体系，同时，将评价指标分为决定性和影响性两大类指标。

鉴于此，本书认为，我国企业内部审计有效性评价尚处于起步阶段，将其评价指标分为决定性和影响性两类很有必要，而要确定哪些是决定性指标则是一个关键问题。

IIA 于 1997 年曾发出调查问卷，向被调查者提出 73 条评价内部审计部门绩效的标准，最终列出 20 条评价标准，再请被调查的内部审计部门主管从中选出 5 条主要标准，分别是被审计者对审计结果的满意程度、审计建议被采纳的比例、管理层对内部审计工作的满意程度、审计委员会对内部审计工作的满意程度、被审计项目的重要性。显然，这 5 条标准可以作为确定内部审计有效性评价指标中的决定性指标重要依据。但上述 5 条基于绩效的标准中，缺少了内部审计人员的考量，从有效性的角度看，不能遗漏内部审计人员有效性考量。为此，本书提出以下 5 条决定性指标，即审计委员会对内部审计的不满意，内部审计人员不遵守职业道德，内部审计流程不规范，高管层对内部审计不满意，以及外部审计师不能利用内部审计工作等。

4.4.3 内部审计有效性评价指标权重的确定

在构建内部审计有效性评价一级指标和决定性指标内容之后，随之就面临各一级指标的权重确定问题。韩朝莉（2007）按内部审计流程 33.3%、学习与创新 25.6%、高级管理层 21.0%、外部审计师 13.6%、董事会 6.5% 五个维度的权重对内部审计绩效进行评价。孟志华等（2016）将技术保障、人员保障和制度保障三个层次分别按

30.50%、50.27%和 19.23%权重构建公司内部审计质量评价模型。王玲（2014）按隶属关系、职业资格、内部审计策略，以及有效性评估四个一级指标各占 25%的均等权重建立内部审计有效性评价标准体系。李兆华（2014）将被审计单位、外部审计师、部门管理、业务执行、学习与成长五个维度均等权重对企业内部审计有效性评价体系加以设计。梅文瑜（2017）则按独立性 12%、专业胜任能力 15%、高管支持 12%和内部审计工作质量 61%的权重对 CWB 内部审计有效性加以评价。

参考多位学者的基本观点，并立足于我国国情，本书分别设置了内部审计组织模式、内部审计人员、内部审计流程、高管支持和外部审计师五个维度。根据我国内部审计质量评估手册和多位学者的所确定的一级指标权重的分配，并考虑有效性评价的影响程度的重要性，本书将以上五个维度确定为 30%、30%、20%、15%和 5%（见表 4-6）。本书认为，组织模式和审计人员是影响内部审计有效性的主要因素，对构建合格的内部审计有效性具有重要的支撑作用，所以这两个维度的权重宜提高。

表 4-6　内部审计有效性评价的一级指标及其权重

评价指标	指标权重
1. 内部审计组织模式	30%
2. 内部审计人员	30%
3. 内部审计流程	20%
4. 高管支持	15%
5. 外部审计师	5%

4.4.4 内部审计有效性评价结果的表述

2014 年 9 月 1 日，我国施行的《内部审计质量评估办法》第十三条规定，内部审计质量评估的结论分为合格与不合格两类。对评估合格的组织还应进行评级，由高至低分为AAA级、AA级和A级。从本质上说，其中的评估结论的“合格”与“不合格”两分法，与内部审计有效性评价中的“有效”和“无效”的两分法是一致的。从这一点上说，企业的内部审计有效性评价，无论是其评价目标，还是其评价办法，抑或是其评价要素和评估要点，都可以《内部审计质量评估办法》和《中国内部审计质量评估手册》为基础，并根据内部审计有效性的特征加以形成。

参考我国现行的《内部审计质量评估办法》所规定的对评估合格的组织再细分为三个等级的做法，对内部审计有效性评价结果为有效的企业，可再根据其得分结果分为优秀、良好、中等和合格四个等级。得分在90～100分，评定等级为“优秀”；得分在80～89分，评定等级为“良好”；得分在70～79分，评定等级为“中等”；得分在60～69分，评定等级为“合格”。以上评定等级的设置，有利于企业不断提高内部审计机构和人员履行职责的规范化水平，促进内部审计工作有效开展，进而提升企业内部审计质量水平。

依照以上的基本思路，本书所构建的公司内部审计有效性的评价分三步进行，第一步，先对各该一级指标属下的决定性指标进行评价，若该项决定性指标分值为0，则该一级指标总分值为0，若不为0，再进入下一步评价；第二步，对各该一级指标属下的二级指标（即影响性指标）分值逐一分别乘以该二级指标的权重得分，并统计该一级指标的总分值；第三步，将五个一级指标的各个总分值按其指标占比进行计算加总，最后得到该公司内部审计有效性的评价总分。

4.5 内部审计的无效评价法

内部审计有效性评价模式，可以有正面评价和无效评价两种。前者通过构建多级有效性指标的执行结果加以对照评价，最后根据其得分结果判断是否有效，4.4节的评价过程即是如此；后者则是设置一组无效指标，根据企业是否触犯其中的无效指标而对企业的内部审计有效与否加以判断。

内部审计无效评价法的基本思路，建立在内部审计有效性本身难以衡量，根据历史经验总结企业一系列内部审计重大缺陷，并根据缺陷的严重程度来确定内部审计有效性。

索耶（Sawyer）指出，组织内每一种控制活动都在两个层次上发挥作用，并分处于两个系统内。一个层次是运营系统，该系统被设计或用来完成规定的目标……另一个层次是控制系统，它覆盖在运营系统之上，由用于确保运营系统目标得以实现的程序、规章和指令组成。控制提高了实现管理层目标的可能性。因此，内部审计有效性的评价首先应着眼于内部控制有效性，通过提升内部控制有效性，可进一步保证企业内部审计的有效性。美国SOX法案第404条款的内部控制有效性评价的方法，可为评价内部审计有效性提供最直接的依据，同时，该条款关于内部控制有效性的结论表述方法，也可作为评价内部审计有效性方法的借鉴。

美国SOX法案第404条款的实施，为内部审计有效性评价提供了另一个思路，即可借助内部控制有效性评价的方法来评价内部审计有效性。所谓内部控制有效性，是指公司内部控制的设立与实施能够为控制目标的实现提供合理的保证。内部控制假设存在一个或几个重大缺陷时，便可以认为内部控制是无效的。借助于内部控制有效性评价的方法，也许能为我们找到评价内部审计有效性的另一途径。Ashbaugh - Skaife和Collins（2008）、Doyle等（2007）、Hammersley等（2008）以及Jeffrey等（2007）用企业所报告的内部控制缺陷及其严重程度作为其内部控制有效性的替代变量，实证考察了企业内部控制质量的影响因素及其经济后果。与内部控制有效性基本含义相一致，内部审计有效性也是指内部审计为内部审计目标的实现提供的保证程度或水平。SOX法案第404条款的实施，也为内部审计有效性的评价提供了可供借鉴的思路，即参考内部控制有效性的概念和运用内部控制有效性评价的基本原理和方法，来描述与评价内部审计的有效性。以此推论，在内部审计有效性评价过程中，如果发现被审单位存在一个或多个重大缺陷时，我们也可以就此确认该企业内部审计是无效的。

从内部控制评价角度看，内部审计有效应是内部审计建设、运行要达到的最低目标，因此，内部控制的有效与否直接影响着内部审计的有效性。作为一个企业管理控制压舱石，内部控制无效也就可能存在内部审计无效。普华永道 2005 年在其发布的一份报告中列举了内部审计无效的典型例子（Pricewaterhouse Coopers，2005），其包括：（1）不能独立于管理层；（2）审计范围受到限制，例如，审计范围不能全面覆盖所有的事业部、业务经营活动和分支单位；（3）在信息技术、资金管理等关键风险领域缺乏技术能力或经验；（4）内部审计仅被当作交易活动层面的“控制职能”，而不是作为对风险进行评估和对那些用于进行风险管理的控制机制进行测试检验的监督职能，等等。出现上述任何一种情形，内部审计即被认定为无效。

陈武朝（2010）认为，内部审计属企业层面的内部控制，而企业层面的内部控制无效，将直接导致整个内部控制被认定无效，并进而可能导致股票价格下跌、公司评级被调低，给投资者带来很大的损失，所以内部审计有效性对企业至关重要，进而将内部审计有效性与内部控制有效性紧密联系在一起。同时，他在对 SOX 法案第 404 条款实施之初的 2004 年 7 月到 2006 年 10 月，因内部审计存在重大缺陷，管理层认定财务报告内部控制无效的公司加以汇总分析基础上，总结内部审计存在 5 类重大缺陷的情形（详见表 4－7）。

李红（2010）认为，内部审计失效的原因主要有四个方面：一是内部控制体系与内部审计脱节，是内部审计失效的制度根源；二是内部审计部门形同虚设，没有发挥应有的作用；三是利益博弈使内部审计难以行使应用的职能；四是法律的缺失。

我国发布的《企业内部控制评价指引》将内部控制的缺陷程度分为三个等级，即重大缺陷、重要缺陷和一般缺陷，并根据缺陷程度来确立内部控制有效性程度，对可能导致企业严重偏离控制目标的重大缺陷，其对应的等级应当是“无效”，对虽然严重程度和经济后果低于重大缺陷，但仍有可能导致企业偏离控制目标的重要缺陷，其对应的等级应是“基本有效”，对除重大缺陷、重要缺陷之外的其他缺陷的一般缺陷和零缺陷相对应的应是“有效”。

参考上述内部控制重大缺陷的基本内涵，本书认为，内部审计重大缺陷应是指一个或多个内部审计缺陷的组合，这种组合可能导致企业内部审计严重偏离内部审计目标，故应归于“内部审计无效”之列。而对那些严重程度和经济后果低于重大缺陷，但仍有可能导致企业偏离内部审计目标的重要缺陷，则在深入分析的基础上作进一步划分，分别归于重大缺陷和一般缺陷之中，而其中归于重大缺陷者，也将其视为内部审计无效。表 4 -7 为国内外学者的观点总结。

表 4 -7　　　　内部审计无效的判断标准

专家及机构名称	内部审计无效的判断标准
以色列审计长公署高级审计师斯多拉（Stolla）①	(1) 有无内部审计机构 (2) 是否实施过审计 (3) 有无提交过审计报告
普华永道于 2005 年发布的报告（Pricewaterhouse Coopers，2005）②	(1) 独立性不够，不能独立于管理层之上 (2) 在信息技术、资金管理等关键风险领域缺乏有经验、有技术的内部审计人员 (3) 审计的工作范围受到限制 (4) 内部审计仅被当作交易活动层面的“控制职能”，而不是作为对风险进行评估和对那些用于进行风险管理的控制机制进行测试检验的监督职能
美国 SOX 法案第 404 条款实施初期内部审计无效案例③	(1) 缺乏综合性的或有效的内部审计职能 (2) 内部审计职能缺乏独立性 (3) 内部审计监督职能不充分 (4) 对具体业务的监督不足 (5) 其他类：包括内部审计人员太少，没有经验，根本没有内部审计职能，内部审计没有指出内部控制测试中发现的重大缺陷

续表

专家及机构名称	内部审计无效的判断标准
国内学者观点[④]	（1）内部控制体系与内部审计脱节 （2）内审部门形同虚设，没有发挥应有的作用 （3）利益博弈使内部审计难以行使应用的职能 （4）法律的缺失

资料来源：①王智玉，夏涛．以色列评价内部审计有效性的方法［J］．审计研究，1997（6）：47－49．

②Pricewaterhouse Coopers. A summary of the major obstacles facing foreign private issuers（"FPIs"）in Asia in achieving S404 compliance［R］Sarbanes Oxley Section 404，2005．

③陈武朝．内部审计有效性与持续改进［J］．审计研究，2010（3）：49－52．

④李红．内部审计失效问题初探［J］．现代审计与经济，2010（4）：34．

参考以上文献资料，立足于我国企业实际情况，本书认为，可将以下 5 项作为内部审计无效判断标准：

（1）内部审计独立性缺失，不能独立于管理层之外；

（2）内部审计监督职能缺乏；

（3）内部审计人员专业胜任能力低下；

（4）审计委员会对内部审计部门不满意；

（5）内部审计没有指出内部控制测试中发现的重大缺陷。

以上无效判断标准主要围绕独立性、监督职能、内部审计人员、审计委员会满意度，以及内部审计对内部控制缺陷评价结果加以形成的。当然，对于上市公司而言，一般都会根据证监会等管理机关所发布的相关规定完成公司制度建设的，因此，其表现的各种无效可能较为少见，而对于一般企业而言，上述的各种内部审计无效的判断标准可能还是适用的。

另一种思路是根据内部审计有效性正面评价中的决定性指标形成无效评价标准，围绕 4.4 节中五个一级指标下，均设有一个决定性指标，为此，我们可将这五个决定性指标作为内部审计无效判断标准，即：（1）审计委员会对内部审计部门不满意；（2）内部审计人员不遵守职业道德；（3）内部审计流程不规范；（4）高管层对内部审计部门不满意；（5）外部审计师不能利用内部审计进行工作。

在采用无效法进行评价判断过程中，能否采用“一票否决”制值得探讨。例如，采用“一票否决”制，即若干个无效标准中，只要其中有一标准符合（即触犯）了，就可直接判断该组织的内部审计无效。这一做法值得斟酌，尤其对非上市公司而言，许多企业可能面临被判定为无效。同时，这与 4.4 节的正面评价法也不一致，在正面评价法中，五个决定性的指标分别仅作为判断的因素之一，如果有一决定性指标评估结果为 0 分，影响的只是该维度的评价，而不影响其他维度的得分，如此，其他四个维度也就有可能因得分总计达到有效性的要求而使该组织评估结果为有效。

即使是对内部审计制度较为健全的上市公司而言，采用“一票否决制”加以判定也需要慎重行事，其判断结果必须力求准确无误，否则，因判断结果的错误而导致公司评价结果被歪曲，其后果十分严重。本书认为，根据我国企业目前内部审计制度建立与实施尚未十分完善的状况，若是采用无效法，宜采取并列模式，即仅当若干个决定性因素同时为无效（即 0 分）时，才判断被评估企业内部审计为失效。

第5章 内部审计组织模式的有效性评价

内部审计组织模式涵盖内部审计机构及其隶属关系两个方面。随着该组织地位的不断提高，其独立性和权威性也在不断地增强。本章运用新制度经济学的相关理论，剖析了内部审计组织模式的形成机理，并基于内部审计组织模式探讨其对内部审计有效性的影响，进而对内部审计组织模式的有效性评价方法加以探讨。

5.1 内部审计组织的独立性

独立性是审计的灵魂，它是保证内部审计人员客观公正地从事审计活动的先决和必要条件。在 IIA 颁布的《内部审计实务标准》中，独立性的要求居于首位，它强调：内部审计师“必须独立于他们所审核的活动”。毫无疑义，在独立性得到保证的前提下，内部审计可以预防财务报告的违规行为和员工偷窃行为，同时，它又可改善控制环境、减少报告错误、提升报告质量。内部审计的参与也有利于公司业绩的改善，2002 年 4 月，IIA 在提交给美国国会的《改善公司治理的建议》中特别指出，健全的治理结构建立在董事会、执行管理层、外部审计和内部审计四个“基本主体”的协同之上。而要使内部审计真正发挥其公司治理的作用，内部审计的独立性是关键。

5.1.1 现代企业审计路径变迁中的独立性

程新生（2005）提出，审计路径指的是企业在已有审计机制的基础上实现审计目标的途径，它包括内部审计、外部审计以及审计委员会在内的审计主体采取的审计行为和程序。根据诺斯的理论，一种制度的变迁主要是因为存在外部性，而制度变迁的过程就是不断解决外部性问题的过程。随着外界环境的变化，以及企业发展的需要，审计目标一直在发展当中，这也带来了审计路径的变迁。

1. 股东为中心的审计路径。

1933 ~ 1934 年，美国先后出台了《证券法》和《证券交易法》，规定上市公司必须提供财务报表审计，同时也规定了审计人员的权利和义务。至此，财务报表审计成为独立审计的法定审计内容，这使独立审计在业务上为管理当局服务的职能与为外界利益相关者服务的职能逐渐分离开来，注册会计师的业务重点则从传统的详细交易审计转向对财务报表出具公允意见的交易抽样测试，在服务立场上成为纯粹意义的外部审计。这一变化，促使许多原先通过聘用外部审计人员对下属分公司的财务及经营情况审查的企业自己设置内部审计部门，从而弥补独立审计抽样测试的不足。但是，这也决定了内部审计的地位只是协助外部审计有效地进行财务报表审计。随着资本市场的迅速发展，企业日益倾向于从证券市场筹集资金，企业不再是仅仅表现在与股东债权人的关系上，而且表现在与其他利益相关者的直接关系上，使审计报告的使用人扩大到整个社会公众。独立审计以“超然第三者”的身份负责对企业财务报表的真实性和公允性发表意见，从而为社会公众提供公共信息，注册会计师审计步入一个良性的发展轨迹。而内部审计是基于企业管理的立场，是企业中一部分代理人对另一部分代理人受托责任履行情况的监督。因此，内部审计师通常处于从属地位，在外部审计师的指导下，协助开展对会计记录的分析工作。诚如索耶（2005）所言，在很长一段时间里，外部审计引领着的审计发展潮流，持续地影响内部审计的方式和方法。

在这个阶段，正如图 5 - 1 所示，由于经营者与股东之间存在信息不对称、目标函数不一致等原因，以股东为首的利益相关者通过聘请外部审计师，对经营者履行契约的情况进行鉴证和评价。内部审计对公司财务状况、经营的效率效果以及内部代理人职责的履行情况等进行审计，并将这些财务信息与管理信息传递给经营者，再由经营者传递给股东。然而，在公司内部缺乏有效监督的情况下，经营者往往集委托人和代理人于一身，审计委托关系由相互牵制的三方变为两方关系，外部审计师实质上受雇于管理层，严重影响了外部审计的独立性。另外，内部审计是公司经营者的下属机构，缺乏必要的权威支持，独立性较低，因此，这一路径的关键信息容易被阻断，难以实现对公司经营者的监督。

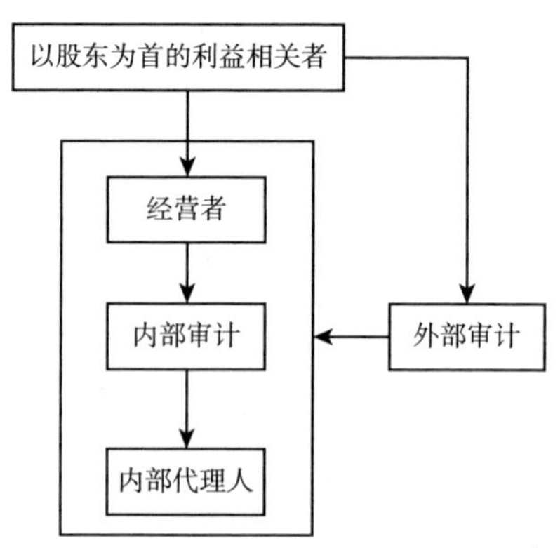

图 5-1　股东为中心的审计路径

2. 董事会为中心的审计路径。

审计委员会制度的引入改变了原有的审计路径格局。审计委员会的概念最早源于美国历史上著名的财务舞弊案——麦克森和罗宾斯（McKesson & Robbins）公司舞弊案。这一财务舞弊案的披露，给证券界和民间审计职业带来了很大的震动。为此，证券交易理事会针对麦克森和罗宾斯舞弊案中外部审计与内部审计缺乏独立性的问题，在其颁布的第 19 号《会计系列公告》（1940 年）首次提出建立审计委员会的建议。1976 年，纽约证券交易所修改其上市政策，将审计委员会的设置作为申请上市公司的必要条件。该政策于 1978 年获得了 SEC 的核准，同年，美国证券交易所也建议所有上市公司设置审计委员会。至此，现代企业的审计路径在原有的内部审计与外部审计基础上，增加了审计委员会制度。

诚如索耶（1988）所言，审计委员会是近几十年来组织结构和控制方面最重要的发展。审计委员会的地位类似于公司内部的“外部人”，独立的身份使其立场更具客观公正性，处于公司内部决策层又使其监督作用的发挥更具直接性和自律性①。公司治理的基本理念从股东会中心主义发展至董事会中心主义后，如何通过董事会内部监督提高内、外部审计效率，确保会计信息质量一直为人们所关注。因此，作为审计路径中的重要一环，审计委员会制度对内部审计与外部审计均产生了重要的影响。如图 5－2 所示，首先，由于审计委员会隶属于董事会，是董事会工作职能的延伸，其地位比内部审计部门高，从而形成了对内部审计部门的监督与领导关系，内部审计部门则实行双向负责、双轨报告、保持双重关系的组织形式，同时向管理层和审计委员会负责与报告；其次，在董事会中心主义的观念下，审计委员会负责外部审计师的聘任及审计服务收费的确定；最后，当内部审计部门、外部审计师和公司管理当局相互之间，就公司重大会计判断、估计以及会计政策、原则存在不同意见时，协调三者的关系。在这种模式下，内部审计信息由内部审计师分别传递给管理层和审计委员会，实现双轨报告，强化了内部审计在公司的地位，提高了独立性，在一定程度上保证了关键信息的通畅。

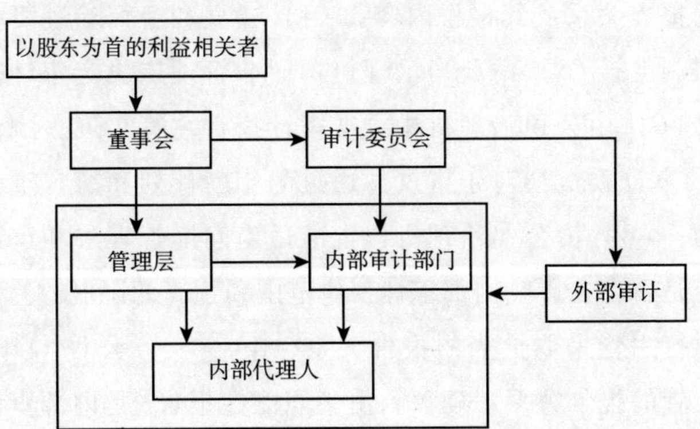

图 5－2　董事会为中心的审计路径

① 1978 年，纽约证券交易所规定，公司应有完全由独立董事组成的审计委员会。美国证券交易所也建议审计委员会应完全由独立董事组成。1987 年，并规定上市公司应有独立董事占多数的审计委员会。

Wallace和Ekreutzfeldt（1991）依据1983年安达信会计师事务所组织专门小组对260家美国公司进行调查的数据研究发现，内部审计独立性差的公司财务报告出错的可能性更大，内部审计独立性的强弱对于有效减少财务报告的错误十分关键。James（2003）的研究也认为，当审计委员会而不是高管层作为内部审计部门报告上级时，它更可能发现错弊和更为积极地上报发现的错弊。由此我们可以看到，机构独立的审计委员会对公司治理的积极作用。

IIA《内部审计实务标准——属性标准：1100——独立性与客观性》（以下简称《标准》）中规定，内部审计活动应该独立，内部审计师在开展工作时应做到客观。无论独立性或客观性受损，都应将损害的具体情况向有关方面披露，披露的性质取决于损害的具体情况。为了保持内部审计机构的独立性，IIA《实务公告1110－1：组织的独立性》指出，保持内部审计机构的独立性可以通过以下方式和途径：（1）获取管理层和董事会支持；（2）审计执行主管要向组织内部恰当层次报告对象报告；（3）审计执行主管要区分并恰当处理两种不同的报告关系及其报告内容；（4）建立和公司治理机构直接交流的正式制度；（5）由公司治理机构而非管理层决定审计执行主管的任免；（6）由公司治理机构批准审计执行主管年度薪酬和工资调整；（7）审计委员会对于审议并通过的年度计划和所有重大变化有最终权力；（8）由公司治理机构批准适当问询管理层和审计执行主管，确定是否存在影响内部审计工作范围和预算的限制。为了指导内部审计执行主管采取恰当的报告关系，IIA《实务公告1110－2：审计执行主管的报告关系》建议：由于职能性报告①是内部审计工作独立性和权力的根本保障，审计执行主管在职能上向审计委员会、董事

① 职能性报告是指治理机构能够批准内部审计工作章程；批准内部审计风险评估和相关审计计划；批准接受审计执行主管对于内部审计活动结果或其认为必要的其他事项的通报，包括与审计执行主管召开的没有经理层参加的单方会议；批准任免审计执行主管的决定；批准审计执行主管年度薪酬和工资调整；适当问询管理层和审计执行主管，确定是否存在影响内部审计活动范围和预算的限制。

会或其他相应的治理机构报告；行政性报告关系①是存在于组织管理结构内的报告关系，有助于协调内部审计日常运行，审计执行主管在行政上向总经理报告。对于出现损害独立性或客观性的情况时，IIA《实务公告 1130 - 1：对独立性或客观性的损害》建议：（1）内部审计师应该向审计执行主管报告，审计执行主管应该重新指派审计师；（2）内部审计师应明确受到限制的审计范围；（3）最好以书面的形式将审计范围的限制及其影响向董事会报告；（4）如果组织、委员会、高级管理层或其他方面有变动，审计执行主管应该考虑是否再次报告。

从本质上看，客观性是更为根本和广泛的概念，审计价值的存在价值就在于客观地提出了改进建议和意见，而作为实现客观性的手段和形式的独立性，则是客观性的保证和支撑，但并非审计增值的必备条件。换句话说，如果保持了独立性，却由于种种原因没有反映客观实际，审计就是无效和失败的，因而审计结果也就失去增值的可能；反之，如果保持了客观性，即使没有形式上的独立，审计结果还是有效的。在世界通讯公司的案例中，审计人员受到极大压力，独立性严重削弱，却保持了职业道德和客观性，最终维护了公众和股东的利益，就是独立性与客观性的关系的最好体现。

我国《第 1101 号——内部审计基本准则》规定：内部审计机构和人员应保持独立性和客观性，不得负责被审计单位经营活动和内部控制的决策与执行。我国内部审计准则与国际内部审计准则对内部审计独立性的理解和规定在许多方面形成了共识。两者对内部审计独立性内涵的界定以及对机构独立性与内部审计师客观性关系的理解渐趋一致，即都认为内部审计的独立性应包括内部审计机构的独立性和内部审计师个人的客观性两个层面。机构的独立性主要是指地位上的独立，是保障内部审计机构“独立”履行其职责的首要条件。只有当

① 行政性报告关系主要包括：预算制定与管理会计；人力资源管理，包括人员评价与薪酬；内部沟通和信息交流；组织内部政策与程序的管理。

内审机构具有独立从事审计活动所要求的良好的组织地位，才能确保内部审计活动在确定内部审计范围、实施审计及报告审计结果时不受干扰，内部审计师的审计行为不受限制，审计意见或决定得到实施，审计建议得到适当采纳。

5.1.2 内部审计组织模式的形成

Williamson（1967）认为内部审计在搜集有洞察力的和重要的信息方面有其独特的有利条件，这就是作为组织中的一员，内部审计师能够更容易取得和组织内部其他成员的合作。内部审计师可以得到外部审计不能获取的重要披露事项。由于具有这一优势，内部审计能够以一种组织成本节约的活动方式获得重要的信息。Penno（1990）认为，只有当内部审计报告的上级部门在组织内的级别足够高时，内部审计报告才具有客观性。如果报告的层级较低，就会有一种趋势使这些审计发现可能存在偏见。Wallace 和 Kreutzfeldt（1991）发现，在同等条件下，如果一个公司设立内部审计机构的规模较大，则其内部审计有效性较高。Beasley（2000）研究发现内审机构的规模越大，财务报告质量越高，内部审计越有效。Corama 等（2008）利用 2004 年毕马威会计师事务所对澳大利亚和新西兰 491 个公共单位和私立企业开展财务报表舞弊情况的调查数据，研究结论是，设立了内部审计部门的企业更容易发现财务报告中的舞弊现象。Al - Najjar（2011）以英国上市公司 2003 ~ 2008 年面板数据作为研究样本，考察上市公司规模与内部审计独立性之间的关系，结果显示，公司规模越大，对内部审计规模需求就越大，与此同时，内部审计独立性就越强。

国外学者对审计委员会治理效率的研究主要围绕审计委员会是否有效展开研究。主流观点认为，审计委员会在提高上市公司信息披露方面发挥了积极作用，即审计委员会“有效论”的观点。Zahra 和 Pearce（1989）的研究认为，有效的审计委员会能够帮助董事会监督管理业绩和实施监管责任。Beasley（1996）认为，审计委员会作为缓解代理问题的一个重要机制，可以提升董事会财务报告监督的整体能力。Lightle 和 Bushong（2000）认为，要充分发挥内部审计的作用，内部审计应该直接向审计委员会报告，提高内部审计人员的组织地位，保证其有充分可利用的资源。Hermanson（2002）认为，向审计委员会报告这种结构，才最有利于改善治理，使内部审计成为治理结构的一部分。

Kaplan 和 Schultz（2006）对美国119个上市公司 CAE 就内部审计在公司内部举报舞弊方面发挥的作用进行调查发现，审计委员会对内部审计的控制越强，内部审计在审查舞弊过程中发挥的作用就可能越大，由此可营造一个更为良好的控制环境，审计委员会的直接领导对提高内部审计质量有着积极作用。当内部审计发现疑点时，通过向审计委员会报告，由此可使内部审计继续调查可能性增大。

阿列克谢·索宁（2018）对俄罗斯2017年内部审计研究现状和发展趋势进行调查分析，发现近年来俄罗斯内部审计部门的报告关系发生了重大变化，80%以上向董事会的审计委员会报告，9.76%的公司内部审计可以得到董事会的审计委员会的支持。内部审计机构得到来自董事会的审计委员会的支持发生了积极的变化。2015年的支持率是11%，2017年上升到26%。内部审计成果的主要使用者是高管层（97%）和董事会（审计委员会）（82%）。

5.2　我国上市公司内部审计的组织模式比较

内部审计部门隶属于董事会或其下设的审计委员会，能够较好地体现董事会、总经理和内部审计三个方面关系人之间的关系，在很大程度上增加了审计范围，而审计后向第三关系人提出报告，也能够最大限度地体现内部审计的相对独立性。审计委员会是董事会的一个常设机构，由董事会决定其成员的聘用，并会向董事会提交工作报告。设置在审计委员会下的内部审计，组织层级高，地位超脱，独立性强，有利于审计人员独立开展工作。审计委员会作为内部审计的领导机构，其职能是：讨论、审定内部审计部门的工作计划，确定审计项目，指导审计工作；任命内部审计部门负责人，决定内部审计部门的人事；听取内部审计部门的工作报告，并向董事会报告审计结果。在这种模式下，企业内部审计机构与其他职能机构是平行的，不同之处在于它直接隶属于董事会，向董事会负责并报告工作，同时也可以代表董事会对总经理领导下的各职能机构进行监督。这种组织模式能够较大限度地体现内部审计的相对独立性，能对董事会决策执行情况进行监督和意见反馈，有利于审计监督作用的充分发挥。

比较董事会或审计委员会、监事会、总经理和财务总监或财务部门这四种内部审计组织隶属模式，内部审计地位的高低依次降低的是：董事会直接领导内审部门（或董事会下设审计委员会领导内审部门）、监事会领导内审部门、总经理领导内审部门、财务总监或财务部领导内审部门。除以上实际情况中常见几种形式外，内部审计也可以由股东大会直接领导，从理论上来说直接受股东大会领导，工作独立性最强和权威性最高，能够充分发挥内部审计的工作职能。但由于股东大会不是一个常设机构，在这种情况下，股东大会难以承担对内部审计正常工作指导的职能。因此，这种形式仅停留在理论上可行，迄今未有真正合适的实践案例供研究参考。

李明辉（2009）提出内部审计的有效性在很大程度上取决于其独立性，调整理顺内部审计机构的隶属关系，合理设置独立的内部审计机构，是完善企业内部审计体制、保证内部审计机制有效运行的关键所在。我国新修订发布的《第 1101 号——内部审计基本准则》的规定，内部审计机构应当接受组织董事会或者最高管理层的领导和监督，并保持与董事会或者最高管理层及时、高效的沟通。中国内部审计协会内部审计发展研究中心在对 2010 年 1 ~ 11 月我国近百家国有企业 30479 位内部审计人员进行调查中发现，72.28% 的企业内部审计机构由董事会、高管层领导，这是企业尤其是上市国有企业内部审计机构隶属关系的主要类型，大部分上市企业，选择董事会、高管层双重领导；大部分非上市企业，选择高管领导。

刘启亮（2012）分析了 2007 ~ 2010 年我国上市公司内部审计部门的独立性问题。通过分析发现，我国上市公司中有 27.79% 的公司没有披露内部审计部门的隶属关系。在披露了内部审计部门隶属关系的公司中，有 66.2% 的公司隶属于董事会层次，有 33.8% 的公司隶属于总经理及其以下部门。分析还发现，沪市上市公司内部审计部门的独立性可能高于深市公司，民营上市公司内部审计部门的独立性可能高于政府控制公司，西部和东部地区公司内部审计部门的独立性较高。以上研究结果表明，我国上市公司内部审计隶属关系表现不一，独立性因所在的行业、地区环境等不同显示出较明显的差异。

罗艳梅和程新生（2013）以内部审计机构的董事长和总经理双重领导为背景，以角色冲突为核心，结合双重领导的权力配置，设计内部审计双重委托代理实验，比较在不同权力配置所形成的激励环境下，角色冲突对内部审计治理活动的影响。统计结果表明，在控制其他变量的条件下，角色冲突显著降低了内部审计治理活动的努力程度。

郑石桥（2017）认为，内部审计领导体制是内部审计独立性和权威性的基础，内部审计的领导层级越高，越能保证审计机构的独立性和权威性，在多种内部审计领导体制中，向董事会和 CEO 双重报告是最佳模式。本书认为，内部审计机构的设置及其接受组织董事会或者最高管理层的领导和监督的隶属关系，是判断内部审计是否有效性的重要因素，是内部审计有效性判断的刚性要求。如果一个公司未能设置独立的内部审计机构，或难以明确其接受董事会或最高管理层的领导和监督，那就很难确定该公司内部审计是有效的。

5.3 内部审计组织模式的有效性评价指标

早在IIA的1988年资助的报告中，研究人员就开始研究内部审计师在组织中的地位，内部审计对组织的贡献或内部审计的效益、内部审计的内部业绩评价和外部业绩评价原则，提出了衡量内部审计机构有效性的数量性标准、质量性标准、反馈性标准。从内审机构的勤勉性来看，Abbott（2004）分析调研发现，如果审计委员会召开会议的次数越密集，公司越能拥有较高水平的盈余管理，这也能够反映出内审机构的勤勉性有效保证财务报告的可靠性。Anderson，Christ，Johnstone和Rittenberg（2012）通过采访不同行业不同规模的12家企业的人均有14.3年的审计经验的首席审计师得出236个回馈，构建了一个内部审计有效性的规模的概念模型，并发现了内部审计的规模与审计委员会的质量、首席审计师的工作经验成正比。

内部审计机构负责人的组织领导能力、专业胜任能力，以及沟通协调能力等往往会左右内部审计有效性。王兵等（2013）在对53家上市公司负责人信息披露情况调查结果显示，我国上市公司内部审计负责人大部分学历和职称偏低，学历主要以本科为主，专科及以下占37.74%，中级职称及以下占43.39%，专业以会计居多，多数从业时间较短，与公司控股股东及实际控制人一般不存在关联关系。吴筱影等（2014）根据1999年IIA发布《内部审计职业胜任能力框架》要求，对我国内部审计负责人应具备知识与行为等两个方面的技能深入加以分析。李丽军（2014）选取我国268家中小企业板上市公司2011~2012年两年数据，按学历、年龄、工作经验及职称研究内部审计负责人专业胜任能力，研究结果显示，我国中小企业板上市公司内部审计负责人胜任能力总体处于中等水平。王兵和张丽琴（2015）以深圳证券交易所中小企业板块2010年和2011年的660家上市公司为数据进行实证研究，研究结果显示，内部审计负责人专业能力能显著改进内部控制质量。由此可见，企业内部审计负责人的领导能力与专业素质对内部审计有效性作用至关重要。同年，王兵等（2015）又以深圳证券交易所中小企业板上市公司 2006 ~ 2011 年的数据为研究样本，检验了内部审计负责人个人特征与上市公司盈余质量之间的关系。研究结果表明，内部审计负责人的年龄越大，越有可能抑制上市公司的盈余管理行为，内部审计负责人的学历越高，越有可能抑制上市公司向上操纵利润的盈余管理行为。

曾繁荣（2016）在编译 IIA 知识共同体组织（CBOK）2016 年发布的《内部审计人员需具备的 7 项技能——为您的组织建立最佳的人才组合》的调查报告中提出，具备分析、批判性思维和沟通能力等两项个人技能是首席审计执行官最为看重的技能。李沐遥（2018）以深交所 63 家中小板上市公司的 2012 年 1 月至 2017 年 10 月内部审计负责人聘任相关公告为依据所进行的研究显示，上市公司的学历以本科居多，以会计与审计中级职称居多。以上数据可作为内部审计组织模式有效性定量评价的参考。牛磊（2016）对 2014 年 258 家中小板上市公司内部审计负责人具有相关执业资格进行研究，本书据以整理如表 5 - 1 所示。

表 5 - 1　2014 年 258 家中小板上市公司内部审计机构特征分析

内部审计机构特征	多数企业	少数企业
内部审计机构的职能	仅具监督职能 198 家	1. 具有监督和评价职能的 57 家 2. 具有监督、评价和咨询职能的 3 家
内部审计制度披露	已披露 191 家	未披露 67 家
内部审计负责人持有职业资格证书	已持有的 180 家	未持有的 78 家
年度召开审计委员会的次数	召开 4 ~ 6 次的 186 家	1. 召开 7 次以上 58 家 2. 1 ~ 3 次 14 家

由表5－1可见，在258家中小板上市公司中，内审机构具有监督职能的企业有198家，为总样本的77.1%，具有监督评价职能的企业只有57个，占总样本的21.9%，而具有监督、评价和咨询职能的企业，只有3家，占总样本的1%。可见，我国中小板上市公司的内部审计职责范围，基本停留在监督职能方面，内审部门的主要工作任务，仍是对企业财政和财务收支的检查，而很少开展评价和咨询工作。

通过以上的数据可以看出，我国企业的内部审计机构的职能拓展、制度完善、负责人的专业胜任能力，以及内部审计机构的勤勉性等都有待提升。以上的内部审计人员设置、内部审计负责人专业胜任能力，以及内部审计机构工作监督为我们确定内部审计组织模式的有效性评价指标提供直接的依据。表5－2根据国内学者所设置的内部审计组织模式评价指标加以整理。

表5－2　国内学者关于内部审计组织模式有效性的评价指标

国内学者的主要观点	评价指标
1. 基于价值导向的内部审计评价[①]	（1）审计委员会对内部审计功能定位 （2）审计委员会对内部审计业务报告要求 （3）内部审计主管与内部审计委员会直接会谈次数 （4）审计委员会对内部审计的满意度
2. 基于平衡计分卡的内部审计有效性评价[②]	决定性指标： 是否有《内部审计章程》或其他规章规范内部审计 影响性指标： （1）内审机构职能上是否独立于管理层 （2）内审机构有无权威性 （3）董事会或审计委员会是否监督内部审计工作 （4）内部审计人员是否有合适的薪酬 （5）有无足够的内审人员 （6）是否节约审计费用
3. 基于中小板上市公司内审机构特征的内部审计有效性的评价[③]	（1）内审机构的规模 （2）内审制度的设置 （3）内审人员的专业胜任能力 （4）内审机构的职责范围 （5）内审机构的勤勉性

续表

国内学者的主要观点	评价指标
4. 基于内部审计独立性与客观性，内部审计隶属关系的评价[④]	1. 内部审计的独立性与客观性 2. 内部审计机构与治理层或最高管理层的工作关系

资料来源：①闫学文，刘澄等．基于价值导向的内部审计评价体系研究理论、模型及应用［J］．审计研究，2013（1）：62－69.

②李兆华，温锦．基于 BSC 的企业内部审计有效性评价体系设计［J］．中国农业会计，2014（7）：19.

③牛磊．中小板上市公司内审机构特征对内部审计有效性的影响研究［D］．东北农业大学，2016.

④梅文瑜．对 CWB 内部审计有效性的研究［D］．华中科技大学，2017.

5.4　内部审计组织模式的有效性评价方法

内部审计经理胜任能力是内部审计组织模式有效性评价的关键指标，作为公司内部审计部门的领导和决策者的内部审计负责人，其个人的领导能力、组织能力以及专业胜任能力等方面的高低，直接影响该部门内部审计有效性。因此，这一评价指标的权重应当在内部审计组织模式有效性评价中居于前列。

2018 年 3 月开始实施的《审计署关于内部审计工作的规定》指出，国有企业内部审计机构或者履行内部审计职责的内设机构应当在企业党组织、董事会（或者主要负责人）直接领导下开展内部审计工作，向其负责并报告工作。国有企业应当按照有关规定建立总审计师制度。总审计师协助党组织、董事会（或者主要负责人）管理内部审计工作。因此，探讨我国企业内部审计组织模式就不能仅局限于董事会及审计委员会一类。为行文方便，本书将领导内部审计机构的党组织等同于董事会。

5.4.1 设立审计委员会企业的评价法

参考国内外机构和专家学者对内部审计组织模式有效性的评价数据，本书根据我国国情和对上市公司基本要求，进而确定的内部审计组织模式有效性评价指标8项。其中，决定性指标1项，即审计委员会对内部审计的满意度；影响性指标7项，即审计委员会对内部审计功能定位、建立完善的内部审计制度、内部审计经理的学历水平、内部审计经理的职业资格、内部审计经理的工作年限、内部审计经理的业务报告关系、内部审计经理与内部审计委员会直接会谈情况等7项。在上列8项指标中，有5项是针对内部审计经理所进行的评价，本书认为，在对我国企业内部审计有效性评价伊始，内部审计人员胜任能力难有保证的情况下，强调内部审计经理的地位与作用至关重要。

表5－3　　设立审计委员会的企业内部审计组织模式有效性评价表

内部审计组织模式的有效性评价指标	指标性质	评价方式	权重	评价方法
(1) 审计委员会对内部审计的满意度	决定性			满意为1分，不满意为0分
(2) 审计委员会对内部审计功能定位	影响性	定性	0.2	风险管理专家100分；经营管理审计专家80分；查错防弊专家60分；财务部门得力助手40分
(3) 建立完善的内部审计制度	影响性	定性	0.2	已建立符合公司实际情况、完善的内部审计章程，100分；已建立较为完善的内部审计制度，但尚有欠缺，80分；所建立的内部审计制度不完善，60分；内部审计规章制度不完善，且形同虚设，40分；未设立内部审计规章制度，20分
(4) 内部审计经理的学历水平	影响性	定量	0.15	博士学位100分；硕士学位70分；学士学位50分；大专30分；其他20分

续表

内部审计组织模式的有效性评价指标	指标性质	评价方式	权重	评价方法
(5) 内部审计经理的职业资格	影响性	定量	0.15	具有国际注册内部审计师（CIA）、中国注册会计师 CPA、高级审计师 100 分；英国特许公认会计师（ACCA）、内部控制自我评估师（CCSA）、审计师 80 分；注册舞弊检查师（CFE）、注册管理会计师（CMA）60 分；经济管理类其他中级职称 40 分；内部审计岗位资格证书 20 分
(6) 内部审计经理的工作年限	影响性	定量	0.1	20 年以上 100 分；15 ~ 20 年 80 分；10 ~ 15 年 60 分；5 ~ 10 年 40 分；3 ~ 5 年 20 分
(7) 内部审计经理的业务报告关系	影响性	定性	0.1	同时向董事会和经理层报告 100 分；向董事会报告 80 分；向监事会报告 60 分；向总经理报告 40 分；向财务经理报告 20 分
(8) 内部审计经理与审计委员会直接会谈频率	影响性	定量	0.1	超过 3 次/季，100 分；2 ~ 3 次/季，80 分；1 ~ 2 次/季，60 分；低于 1 次/季，20 分

(1) 审计委员会对内部审计的满意度

该指标是审计委员会对内部审计提供服务的总体评价，审计委员会担负着指导和监督内部审计工作的职责。将其设为决定性指标是基于它对内部审计组织模式重要性评价，首先，审计委员会和内部审计机构都是内部审计组织模式中相辅相成、不可或缺的两大部分，它们的组成和运行都直接关系内部审计组织模式是否有效；其次，公司的审计委员会对其属下的内部审计机构是否有效最为清楚，如果连审计委员会都认为内部审计机构不合格，那么，又能有谁有权将该公司的内部审计有效性认定为有效？

(2) 审计委员会对内部审计功能定位

审计委员会对内部审计功能定位旨在反映审计委员会对内部审计

职能的定位，作为内部审计机构的客户和利益相关者，内部审计机构的工作质量与成果直接影响审计委员会对其的看法。

(3) 建立完善的内部审计制度

内部审计制度的健全性对内部审计有一定积极作用，成立上市公司所建立内部审计制度一般都会比较完善，但非上市公司因规模、人员等条件的限制，其内部审计制度可能有一定的不足，这就可能影响企业的内部审计有效性。

(4) 内部审计经理的学历水平

学历水平直接影响内部审计经理的胜任能力，一般来说，会计、审计等经济管理学科的专业学历越高，内部审计经理的胜任能力就越强。

(5) 内部审计经理的职业资格

作为内部审计领导者，其职业资格的高低也直接决定着该内部审计质量的高低，很难想象，一个无职业资格的内部审计经理能够领导其职能部门完成内部审计的工作任务，能够创造高质量的业绩。从我国现实情况看，企业至少应当保证其内部审计经理拥有注册会计师、审计师以上的职业资格。

(6) 内部审计经理的工作年限

由于内部审计工作是一种实务的工作，还要求有丰富的实践经验。无疑，实践工作时间长者也会具有相对丰富的专业知识和娴熟的专业技能，这是保证内部审计组织胜任能力的一个重要因素。

(7) 内部审计经理的业务报告关系

该指标直接反映内部审计独立性的高低，内部审计经理的业务报告对象层次越高，其独立性和客观性程度和能力就越强，进而内部审计组织模式有效性也就越高。

(8) 内部审计经理与内部审计委员会直接会谈频率

内部审计经理与内部审计委员会直接会谈情况指标，主要表现为内部审计经理与审计委员会沟通频率。很显然，两者的交流，不仅有利于审计主管将审计时发现的重大审计风险传达给审计委员会，同时，也有利于保持审计部门的独立性，两者沟通的次数越多，内部审计部门绩效越显著。

5.4.2 未设立审计委员会企业的评价法

如前所述，科学的内部审计组织模式应该是在董事会下设置审计委员会，内部审计机构直接对审计委员会负责。在经营管理部门设置内部审计机构，独立于经营管理其他部门，直接向审计委员会负责。但我国企业众多，未设立审计委员会者也不在少数，如此，就可能导致其内部审计机构的规模、职能、人员胜任能力等不同。如民营企业，其内部审计组织机构或是审计委员会领导下的内审机构体制，或是董事会派出的总审计师体制，抑或是首席执行官负责下的内审机构体制，各个企业的内部审计机构的设置差别甚大。因此，评价内部审计组织模式也就有不能千篇一律。有鉴于此，本节专门探讨未设立审计委员会的企业内部审计组织模式有效性的评价方法。

表 5－4 的决定性指标为内部审计机构单独设立且有一定规模，同时，将设立内部审计机构且拥有 3 人及以上内部审计人员作为评价要素，是对有设立内部审计机构，或者虽有设立但内部审计人员不足 3 人的企业的限入，本书认为，对此类企业进行有效性评价并无意义。表 5－4 中所增设的内部审计机构的隶属关系指标，是考虑许多中小企业虽设立内部审计机构，但其所应具的独立从事审计活动可能难以完成，审计行为可能受到限制，审计意见或决定可能难以得到实施，审计建议可能无法得到采纳，故将内部审计机构的隶属关系单独作为关键指标。

对非上市公司的企业而言，尤其是中小型企业和民营企业，其内部审计机构的胜任能力可能较弱，因此，内部审计经理的胜任能力的评价就更为重要。

表 5－4　未设立审计委员会的内部审计组织模式有效性评价表

内部审计组织模式的有效性评价指标	指标性质	评价方式	权重	评价方法
（1）内部审计机构单独设立且有一定规模	决定性			设立内部审计机构且拥有 3 人及以上内部审计人员为 1 分，否则为 0 分
（2）内部审计职能	影响性	定性	0.1	具有监督、评价和咨询职能，100 分；具有监督和评价职能，80 分；仅具有监督职能，60 分；仅具有监督职能但执行软弱，40 分
（3）内部审计机构的隶属关系	影响性	定性	0.2	隶属董事会，100 分；隶属监事会，80 分；隶属总经理，60 分；隶属财会部门，40 分，无隶属关系，20 分
（4）建立完善的内部审计制度	影响性	定性	0.2	已建立符合公司实际情况、完善的内部审计章程，100 分；已建立较为完善的内部审计制度，但尚有欠缺，80 分；所建立的内部审计制度不完善，60 分；内部审计规章制度很不完善，且形同虚设，40 分；未设立内部审计规章制度，20 分
（5）内部审计经理的学历水平	影响性	定量	0.15	博士学位 100 分；硕士学位 70 分；学士学位 50 分；大专 30 分；其他 20 分
（6）内部审计经理的职业资格	影响性	定量	0.15	具有国际注册内部审计师（CIA）、中国注册会计师 CPA、高级审计师 100 分；英国特许公认会计师（ACCA）、内部控制自我评估师（CCSA）、审计师 80 分；注册舞弊检查师（CFE）、注册管理会计师（CMA）60 分；经济管理类其他中级职称 40 分；内部审计岗位资格证书 20 分
（7）内部审计经理的工作年限	影响性	定量	0.1	20 年以上 100 分；15 ~ 20 年 80 分；10 ~ 15 年 60 分；5 ~ 10 年 40 分；3 ~ 5 年 20 分
（8）内部审计经理与董事会、高管层或财会部门的直接会谈次数	影响性	定量	0.1	每季度在 2 次以上，100 分；每季度 2 次，80 分；每季度 1 次，60 分；每半年 1 次，40 分；每年 1 次，20 分

在对表 5－3 和表 5－4 有效性指标进行评价之际，首先要对表中的决定性指标加以评价，当该决定性指标评价结果为“满意”计 1 分，“不满意”计 0 分。当该决定性指标的评价值为 0，其影响性指标的评价便无须再进行，此时，被评企业的内部审计组织模式这一维度的得分为 0。

当决定性指标得分不为 0 时，便可逐一对各个影响性指标进行评价，表 5－3 和表 5－4 中列出了各指标的评价方法。两表中的各项影响性指标最高得分均按 100 分计算，而各指标的权重合计为 1，故内部审计组织模式有效性评价初步合计最高得分为 100 分。

依此方法，对内部审计人员、内部审计流程、高管支持和外部审计师的有效性进行评价计分，最后，将这五个一级指标的得分值再分别乘以其占比，例如，内部审计组织模式有效性得分 100 分乘以其占比 30%，该一级指标最终得分为 30 分，以此类推，最终求得被评价企业的内部审计有效性的评价结果。

第6章 内部审计人员的有效性评价

内部审计既要为客户提供客观的评价、鉴证等确认服务，又要为客户提供咨询建议，发挥其在企业治理、控制、风险管理等方面的不可替代作用，而这一切都需要内部审计人员加以实现。内部审计人员的专业胜任能力越强，越有利于企业内部审计工作的顺利进行、保证审计目标的实现，只有内部审计人员具有必备的专业胜任能力，才能保证内部审计的有效性。因此，内部审计人员有效性的评价是内部审计有效性评价的重中之重。

6.1 内部审计人员的独立性与客观性

早在 1961 年，莫茨和夏拉夫在《审计哲学》一书中就精辟地指出，独立性分为两个方面：一是审计师在实施审计业务中的事实上的独立性；二是审计师作为一种职业团体的形式上的独立性……两者分别称为执业者的独立性（Practitioner - independence）和职业的独立性（Profession - independence）。内部审计师的独立性是指内部审计人员独立于他们所审查的活动之外，即内审人员不能承担经营责任。独立性被认为是审计的灵魂，是保证内部审计人员客观公正地从事审计活动的先决和必要条件。在 IIA 颁布的《内部审计实务标准》中，独立性的要求居于首位，该标准强调：内部审计师“必须独立于他们所审核的活动”，“独立性可使内部审计师提出公正的不偏不倚的鉴定和评价，这对于正确的审计工作实施是必不可少的”。

IIA《内部审计实务标准——属性标准：1100——独立性与客观性》（以下简称《标准》）中规定：内部审计活动应当独立，内部审计师在开展工作时应当保持客观性。内部审计师的客观性则是指内部审计师应有公正的态度，避免利益冲突，即内部审计人员精神上的独立。独立性与客观性的关系是：独立性可使内部审计师提出公正和不偏不倚的判断意见，内部审计师的独立性要通过机构的地位和客观性来获得，内部审计师的客观与否在很大程度上取决于机构独立性的实现。2008 年 1 月，IIA 发布准则修订版初稿，并经再次修改后于 2009 年 1 月正式发布，新发布的准则最大变化在于对内部审计师执行准则的要求从“应当”改为“必须”。新准则规定：内部审计活动必须独立，内部审计师在开展工作时必须保持客观性。新旧版本虽然仅有两字之差，但意义大相径庭，它对内部审计师在进行审计活动时提出了更高要求。

我国《第 1101 号——内部审计基本准则》第六条规定，内部审计机构和内部审计人员应当保持独立性和客观性，不得负责被审计单位的业务活动、内部控制和风险管理的决策与执行。我国内部审计准则与国际内部审计准则对内部审计独立性的理解和规定在许多方面达成了共识。但我国上述准则对独立性和客观性的要求，仍然停留在 IIA 旧版准则的“应当”之中。

6.2　内部审计人员对内部审计有效性的影响

早在 20 世纪 60 年代，学者们就开始研究内部审计人员的职责和胜任能力等问题。Campfield（1960）率先提出了内部审计人员职业胜任能力标准有别于公共会计师的观点，并设计了构建内部审计人员职业胜任能力框架的方法。这一方法为业界提供了较为确切的依据。

Stephen（1993）认为，高水平的内部审计组织不仅要有对公司经营流程熟悉、审计经验丰富的内部审计负责人，而且要有一批扎实专业知识技能和行为技能内部审计人员。Gilmour（1998）认为，内部审计人员胜任并能充分发挥内部审计职能的关键包括四个方面：一是保持独立性；二是有详细可行的审计计划，并选择有效审计方法和业务熟练内部审计人员；三是保证审计的工作范围应随公司的日常经营变化而调整，而且这种变化是可控的；四是要经常与企业高级管理层和治理层等进行沟通。内部审计人员独立性和专业胜任能力是发挥内部审计职能的重要因素。

内部审计人员的专业胜任能力与内部审计有效性息息相关，Mc Mullen 和 Ragahunandan（1996）研究发现，内部审计机构中有注册会计师时，财务报告存在问题的概率越小，内部审计有效性越高。Gramling（1999）将国际注册内部审计师（CIA）资格证作为评估内部审计专业胜任能力的重要标准。Bedard 等（2004）发现内部审计机构的成员专业能力越强，越能有效地抑制管理层的盈余管理。Prawitt（2009）将内部审计机构的六个特征指标合为一个指标衡量内部审计质量，分别是内部审计人员的平均执业年限、具有 CIA 或 CPA 资格的内部审计师所占百分比、内部审计人员每年的培训时间、内部审计机构的规模、内部审计机构的独立性以及内部审计机构花在财务报表审计上的时间。Baker（2009）特别提出，内部审计人员的信息技术水平（如数据处理、分析技术、办公自动化软件应用）会影响其工作的效率和效果。内部审计人员应具有信息技术知识和操作技能开始被受到重视。Shu 等（2011）通过实证研究发现，内部审计人员的教育背景、职业胜任能力与公司重大缺陷的识别等呈显著正相关关系。钱伯斯与麦克唐纳（2013）合作发布的一份立场公告中，将高效内部审计师应具备的软技能归纳为公正性、建立关系、合作伙伴、沟通、团队合作、多样化、持续性学习等 7 个方面。

比利时内部审计协会于 2010 年发布了《内部审计人员胜任能力框架和任务》，认为内部审计人员胜任能力由三部分组成：一是内部审计工具、技术和方法，包括理论、方法以及工具和技术三方面内容；二是知识领域，包括商业、财务和管理会计、治理、舞弊、IT 等知识；三是行为技能，包括运营和交流两方面内容。

IIA 对于审计人员的专业胜任能力等的规范正在日益深入。1993 年 IIA 归纳出 20 项内部审计人员必须掌握的知识，如分析沟通、财务知识、税务、法律等。1999 年，IIA 发布的《内部审计人员专业胜任能力框架》（Competency Framework for Internal Audit，CFIA），第一次明确指出内部审计人员应该具备的能力、技能和知识，其中，技能又分为认知技能和行为技能，前者被细分为技术技能、分析设计技能和鉴别技能，后者被细分为个人技能、人际技能和组织技能。2001 年 IIA 又发布了《内部审计实务标准框架》（PPF），2004 年 IIA 发布了《内部审计实务标准》（Standards for the Professional Practice of Internal Auditing，SPPIA），其中包含有《内部审计职业道德规范》（*Internal Audit Code of Ethnics*），将内审人员行为规范分为两个层次，即基本要求和行为规则，基本要求包括正直、客观、保密和胜任，而行为规则则进一步对基本要求加以细化。2009 年 IIA 发布《国际内部审计专业实务框架》（IPPF），该框架既包含职业道德规范，同时又对内部审计人员及机构在执行工作时提出必须遵循的基本行为规则及期望，其中的"职业道德规范"是根据 2001 年内部审计新定义调整的，并确定为"强制要求遵循"。2010 年，IIA 研究基金会开发出专门针对公共部门的内部审计专业胜任能力模型（IA－CM）。同年，IIA 在全球内部审计调查报告 2——《今天内部审计人员的核心能力》中指出，沟通、识别问题和解决问题等技能、适应业务和规则的变化，以及专业标准是公认的内部审计人员最重要的三项技能。审计知识、内部审计准则、职业道德、舞弊意识、风险管理成为最重要的知识。内部审计人员需要具备的胜任能力的重点正在发生变化。IIA 审计调查报告 4——《内部审计下一步做什么》则认为，内部审计人员应及时了解职业的发展趋势，进而改变内部审计活动的内容。IIA（2011）的全球调查报告显示，90% 以上的被调查者认为，未来 5 年内部审计人员保持不变或增加，60% 以上的内部审计人员年龄在 26 ~ 44 岁；50% 以上具有硕士学位；50% 以上具有中国注册会计师（CPA）、国际注册内部审计师（CIA）、英国特许公认会计师（ACCA）等资格证书。2012 年，IIA 内部审计职业脉搏调查显示，新的内部审计人员追求的五大技能是：分析和批判性思维、沟通能力、数据挖掘和分析、一般的 IT 知识以及商业洞察力。

我国关于内部审计人员专业胜任能力的研究起步较晚，严晖（2004）认为，风险导向内部审计对内部审计人员的要求更高，主要体现在具备广博的知识和多元化的技能，具有面向未来的积极态度及服务理念，具备处理人际关系的能力和技巧等三方面。陈佳俊和贺颖奇（2009）借鉴国内外研究成果，提出了由职业道德、执业技能体系和职业知识体系构成的中国内部审计人员专业胜任能力框架，其中，以职业道德为基础，以执业技能体系和职业知识体系为支撑，该框架为中国内部审计人员提供了有效开展内部审计活动的良好的实务标准，有助内部审计人员专业胜任能力的评估。张娟和张庆龙（2010）根据内部审计的最新变化以及对内审人员的新挑战，构建了包括动机、职业道德、技能和知识 4 个专业胜任能力要素组成的内部审计专业胜任能力模型，进而形成胜任能力需求框架。陈武朝（2010）提出，内部审计人员胜任能力是评价内部审计有效性的另一个重要关注点，包括内部审计人员应具备相关经验和能力，坚持相应的职业标准，以及应有内部审计人员培训计划等方面。屈耀辉等（2011）在深入研究国内外内部审计人员胜任能力框架的基础上指出，国际内部审计的发展趋势正对我国的内部审计人员提出新的挑战和任务。因此，必须再次构建或重新研究中国内部审计人员胜任能力框架。孙晓光等（2012）研究发现，内部审计的客观性、部门的规模以及人员的专业胜任能力（是否具有 CPA 或 CIA 资格证书）对被出具标准无保留意见有积极影响。

张庆龙（2013）对参加北京国家会计学院举办的内部审计实战技能提升高级研修班和企业内部控制流程梳理、评价与审计高级研修班的 464 名学员的问卷调查显示，我国内部审计人员具有以下三个特征：一是年轻化、高学历、经验少；二是专业背景仍偏重于财务、会计，兼顾管理学科；三是内部审计从业门槛较低，持有的专业资格集中于会计师和经济师，由此，便形成我国内部审计人员素质与其职责存在较大的差距，我国内部审计人员的水平由此略见一斑。

史元、牛磊（2017）以我国中小板上市公司为样本，以内审机构的规模、内审人员的专业胜任能力为解释变量，对研究模型进行了变量描述性统计、变量相关性分析及多元回归分析，研究结果表明，内审机构规模对内部审计有效性有正向影响，内部审计部门的人员数量和内审人员的专业胜任能力与内部审计有效性呈正相关的关系。由此进一步明确内部审计人员的专业胜任能力在内部审计有效性评价的重要地位。

我国发布的《第 2306 号内部审计具体准则——内部审计质量控制》第九条指出，内部审计机构质量控制需要考虑内部审计机构的组织形式及授权状况、内部审计人员的素质与专业结构、内部审计业务的范围与特点和成本效益原则的要求等因素。在该准则的第十条中，指明内部审计机构质量控制可采取确保内部审计人员遵守职业道德规范、保持并不断提升内部审计人员的专业胜任能力、依据内部审计准则制定内部审计工作手册、编制年度审计计划及项目审计方案、合理配置内部审计资源、建立审计项目督导和复核机制、开展审计质量评估、评估审计报告的使用效果、对审计质量进行考核与评价等措施。上述两个准则的相关内容，为我们对内部审计人员有效性评价提供依据。

6.3　内部审计人员有效性的评价指标

内部审计人员有效性评价指标如何确定，对所确定的各个指标又如何加以量化，是内部审计人员有效性评价的关键所在。2009 年，得克萨斯州奥斯汀大学安德森教授的研究小组，在全球被调研的 236 家企业中发现，内部审计部门人员平均规模为 19 人，平均每 1000 人企业规模所对应的内部审计人员为 2.23 人。其中，制造业内部审计部门人员规模最大，平均为 32 人；医疗保健业内部审计人员规模最小，为 7 人。根据被调研者的经验，内部审计部门的人员平均规模，应该大于或者等于 2.23‰。

IIA 成立了一个专门从事内部审计研究的知识共同体组织（CBOK），并于 2006 年发布了第一份全球范围的内部审计调查（The IIA's Global Internal Audit Survey）报告。该报告显示，虽然 IIA 要求内部审计人员每年后续职业教育不少于 40 小时，但被调查对象在过去 3 年中，仅有 34.7% 的首席审计执行官达到此要求，其他只有 22.1% 达到 90～110 小时（3 年累计）。阿列克谢·索宁（2018）对俄罗斯 2017 年内部审计研究现状和发展趋势进行调查。有一半的受访公司表示，公司每个内审人员每年的后续教育学时是 20～40 小时，仅有 1/4 公司的内审人员后续教育学时每年超过 40 小时。可见，俄罗斯公司的内部审计人员的培训学时远远低于 IIA 的要求。

2007 年底，深交所发布的《中小企业板上市公司内部审计工作指引》中规定，中小板上市公司内部审计人员应至少设置 3 人，内部审计机构的负责人必须专职且上市公司应该披露内部审计部门负责人的学历、职称、工作经历、与公司控股股东及实际控制人是否存在关联关系等情况，除此之外，公司至少每季度召开一次会议，审议内部审计部门提交的工作计划和报告等。

内部审计部门的人员规模在很大程度上决定了内部审计部门的履职能力。郭慧（2009）对我国上市公司的调查分析提出，我国内部审计人员数量整体偏少，最小值为 2，最大值为 20，平均为 5 人。张惠琴（2009）研究发现，由于管理水平、生产效率存在一定差距，国内内部审计部门人员规模呈现不均衡性。一般认为，我国目前内部审计人员数量占企业员工的 0.5% 比较合适。

王兵等（2017）对来自国有企业、民营企业、事业单位、行政单位的 66 家单位审计人员和审计主管的问卷调查结果表明，80% 以上被调查人员认为应该参加专业培训或专业资格考试、参加专业会议交流和研讨，其中企业和行政事业单位中分别有 84% 和 93% 的被调查者认为应该参加专业培训或专业资格考试。

中国内部审计协会发布的《内部审计质量评估办法》和《中国内部审计质量评估手册》，对内部审计质量评估的定义是：有具备职业胜任能力的人员，以内部审计准则、内部审计人员职业道德规范为标准，同时参考风险管理、内部控制等方面的法律法规，对组织的内部审计工作进行检查和评价的活动。无论 IIA，还是我国内部审计师协会都明文规定，内部审计机构必须进行内部审计质量控制和评估。

中国内部审计协会内部审计发展研究中心对 2010 年 1 ~ 11 月我国近百家国有企业 30479 位内部审计人员进行调查，调查结果如表 6 – 1 所示。

表 6 – 1　国有企业内部审计人员调查分析（2010 年）

	基本状况	明细分类
专兼职状况	专职人员人数为 21148 人，占比为 69. 39% 兼职人员人数为 9331 人，占比为 30. 61%	
所具学历	博士 0. 09%；硕士 3. 57%； 本科 42. 83%；专科 43. 53%	
专业技术职称	中级及以上 20057 人，占比 65. 81% （其中中级 16982 人，高级 3075 人）	中级及以上 20057 人中：会计师和高级会计师 57. 33%，审计师和高级审计师 16. 17%，经济师和高级经济师 16. 04%，工程师和高级工程师 10. 46%
职业资格证书	拥有与审计有关执业资格证书人数为 2374 人，占内部审计人员总数比例为 7. 79%	国际注册内部审计师（CIA）911 人，注册会计师（CPA）1034 人，英国特许公认会计师（ACCA）15 人，国际注册内部控制自我评估师（CCSA）2 人，注册信息系统审计师（CISA）6 人，注册管理会计师（CMA）8 人，其他 398 人

表 6 – 1 显示，兼职人员占近 1/3（30. 61%），所具学历中专科比例偏高（43. 53%），两者都不利于内部审计活动的开展，对企业的内部审计质量可能造成影响。内部审计人员专业背景多元化，但明显会计专业人员较多。具有审计专业技术职称偏少，而具有审计职业资格证书的更是少之又少。

我国中小企业板上市公司公布的内部控制评价报告 2011 年共 648 家，2012 年 703 家。李丽军（2014）选取了这两个年度内部控制自我评价报告中披露内部审计信息较多的 134 家上市公司作为现状分析研究对象，本书据以整理结果如表 6 -2 所示。

表 6 -2　　2011 年中小企业板上市公司的内部审计人员数量状况

公司拥有内部审计人员数	3 ~5 人	6 ~8 人	9 ~11 人	12 人以上
2011 年的公司数	121 家	8 家	5 家	0
2012 年的公司数	115 家	14 家	3 家	2 家

牛磊（2016）对 2014 年 258 家中小板上市公司的内部审计机构进行研究，分析显示，其中有内部审计人员 3 ~5 人的有 221 家，6 人以上的有 37 家。

段亚楠（2019）对国有企业内部审计人员培训班开展了调研，其取得的有效问卷 118 份，研究结果显示，获得注册内部审计师（CIA）证书的占 17.8%，获得注册会计师（CPA）证书的占 15.25%，获得特许公认会计师（ACCA）、国际信息系统审计师（CISA）证书的人数则更少。

表 6 -3 是根据国内学者对内部审计人员有效性评价的相关指标整理形成的。

表 6 -3　　内部审计人员的有效性评价指标

评价指标的来源	评价指标
基于价值导向内部审计评价①	1. 业务流程维度中的执行能力 （1）审计人员的职业认证比例 （2）员工信息化的操作水平 （3）员工的平均经验 2. 学习创新维度 （1）员工参与培训的数量 （2）科研成果数量 （3）员工教育程度 （4）专业交流次数

续表

评价指标的来源	评价指标
基于平衡计分卡的内部审计有效性评价②	1. 决定性指标 内审人员是否有适当的培训或后续教育 2. 影响性指标 （1）具有相关执业资格的内审人员比例 （2）员工受教育程度 （3）是否利用外部专家服务 （4）内审人员是否遵守职业道德 （5）内审人员的信息化操作水平
基于沟通、后续教育与专业能力的内部审计有效性评价③	1. 沟通能力 （1）人际关系管理 （2）审计结果沟通 （3）内外部审计协调机制及效果 2. 后续教育 后续教育的管理 3. 专业能力 内部审计人员的履职表现

资料来源：①闫学文，刘澄等．基于价值导向的内部审计评价体系研究理论、模型及应用［J］．审计研究，2013（1）：62－69.

②李兆华，温锦．基于 BSC 的企业内部审计有效性评价体系设计［J］．中国农业会计，2014（7）：19.

③梅文瑜．对 CWB 内部审计有效性的研究［D］．华中科技大学，2017：15－16.

在表 6－3 的诸多评价指标中，尽管其评价的出发点有所不同，但都是围绕审计人员在组织中的专业胜任能力主要因素加以建立的。其中，审计人员的工作经验、受教育程度、具有职业认证的员工比例、参与培训的数量，以及审计经验的平均年限等 5 项指标是 IIA 和学者们的主要选择。关于审计人员的信息化程度的评价，则是近年来众多学者的共同选择，随着信息化在各行各业的广泛深入应用，穿透计算机审计已成为审计人员的必然选择，为了减少内部审计风险，使用审计软件对组织进行内部审计逐渐成为内部审计人员应具的能力，因此，本书认为应当将信息化操作水平指标作为评价内部审计人员有效性不可或缺的指标。

从评价内部审计有效性的重要程度来看，指标中将审计专业交流次数和科研成果数量的多寡列作评价指标固然重要，但当前我国内部审计尚在发展初期，宜采用重点突出、步步推进的做法，故本书认为上述两个指标暂时不采用，将其作为下一阶段的评价指标。

6.4 内部审计人员的有效性评价方法

中国内部审计协会2013年制定发布了《第1101号——内部审计基本准则》，其中，在一般准则中规定了审计人员应当具备相应的专业胜任能力，遵循职业道德规范，保持独立性和客观性。内部审计人员有效性评价应当以此为依据。

如前所述，在各个维度下的指标中，选择哪一项作为决定性指标需要科学客观的论证。在内部审计人员有效性评价方面，应当围绕职业道德、执业技能体系和职业知识体系的指标加以选择。李兆华等（2014）在学习与成长维度中选择“内审人员是否有适当的培训或后续教育”，作为内部审计人员有效性的关键性指标，本书认为，该选项只是一种知识与技能的教育，它远不如“遵守职业道德”重要，如果某一组织的这一项目有效性评价结果不合格，则无论该组织内部审计人员的执业技能和职业知识有效性得分多高，该组织的内部审计人员有效性也不能是合格。对内部审计人员评估除了上述的遵循道德遵守情况评估外，尚有执业技能和职业知识两项的定量评估，学者们采用不同的方法加以进行。

我国发布《第2306号内部审计具体准则——内部审计质量控制》也指出，内部审计机构质量控制需要考虑内部审计人员的素质和专业结构，同时要求应当采取确保内部审计人员遵守职业道德规范措施。以此为依据，在参考国内外机构和专家学者对内部审计人员有效性的评价指标的基础上，同时，考虑我国企业内部审计之现状，本书认为，评价内部审计人员有效性的主要指标应包括遵守职业道德、审计人员的工作经验、受教育程度、具有职业认证的员工比例、参与培训的数量、审计经验的平均年限，以及信息化操作水平等7项。本着可操作性和重要性兼顾的原则，本书将上述7个指标的评价方式和方法列示于表6-4之中。

屈耀辉、时现（2011）将内部审计人员胜任能力要素和权重的重要性排序为：员工学历程度（0.4）、平均年龄（0.3）、职业道德（0.3）、员工职称（0.2）、工作年限（0.2）、职业认证证书（0.1）。李兆华和温锦（2014）则将职业认证证书、员工学历程度、职业道德、员工信息化操作水平权重依次列为0.4、0.3、0.1、0.1。

参考国内外学者对内部审计评价的相关文献，本书设置以下内部审计人员有效性评价的指标与方法，详见表6-4。

表6-4　内部审计人员的有效性评价

内部审计人员有效性评价指标	指标性质	评价方式	权重	评价方法
（1）遵守职业道德	决定性	定性		按内审人员是否遵循职业道德的情况判断，遵循得1分，否则为0分
（2）受教育程度	影响性	定量	0.15	本科及以上学历的占比：80%以上，100分；70%以上，80分；60%以上，60分；50%以上，40分；50%以下，20分
（3）专业技术职称	影响性	定量	0.2	中级及以上职称的占比：80%以上，100分；70%以上，80分；60%以上，60分；50%以上，40分；50%以下，20分
（4）职业资格证书	影响性	定量	0.15	持有国际注册内部审计师（CIA）中国注册会计师CPA、英国特许公认会计师（ACCA）证书占比在50%以上，100分；持有内部控制自我评估师（CCSA）、注册舞弊检查师（CFE）、注册管理会计师（CMA）证书在50%以上，80分；持有内部审计岗位资格证书在50%以上，60分；持有内部审计岗位资格证书在30%~50%以上，40分；持有内部审计岗位资格证书在30%以下，20分

续表

内部审计人员有效性评价指标	指标性质	评价方式	权重	评价方法
（5）参加交流和培训次数	影响性	定量	0.2	每年人均参加交流、培训的次数：8 次以上 100 分；6 次以上 80 分；4 次以上 60 分；2 次以上 40 分；1 次 20 分
（6）审计经验的平均年限	影响性	定量	0.2	人均超过 10 年，100 分；人均 5 ~ 10 年，80 分；人均 3 ~ 5 年，60 分；人均 2 ~ 3 年，40 分；人均 2 年以下，20 分
（7）信息化的操作水平	影响性	定量	0.1	持有审计信息化操作认证的占比：超过 80%，100 分；70% ~ 80%，80 分；60% ~ 70%，60 分；50% ~ 60%，40 分；低于 50%，20 分

（1）遵守职业道德。

职业道德包括专业行为和道德标准。我国发布的《第 1201 号——内部审计人员职业道德范》将其归纳为职业品德、职业纪律和职业责任。具体化为诚信正直、客观性、专业胜任能力和保密等方面。本项目的要求之所以将其作为决定性指标，正是基于它是提升内部审计人员有效性最为重要的因素。

（2）受教育程度。

受教育程度是衡量内部审计人员素质的重要指标。一般地说，内部审计人员接受教育的程度越高，适应内部审计工作需要的能力越强，进而内部审计有效性也就越高。

（3）专业技术职称。

内部审计人员的专业技术职称在一定程度上反映其处理问题和解决问题的能力，它也是内部审计人员拥有高水平专业判断能力的有力保证。

（4）职业资格。

该指标反映内部审计人员的专业水平、业务能力和接受后续教育的情况。拥有注册职业资格人员的比例越高，内部审计队伍的综合素质就越高。

(5) 参加交流和培训次数。

内部审计人员的知识和技能必须与时俱进，如此才能适应经济和社会发展的要求。因此，员工参与后续教育的时间越长，越能够保证内部审计有效性。

(6) 审计经验的平均年限。

内部审计人员拥有长期的工作经验，便能够让他们更具专业胜任能力，及时发现组织潜在的风险，并采取有效的措施将风险控制在可接受的水平。

(7) 信息化的操作水平。

无论是认证或是咨询，公司的审计服务范围和内容都将随着信息技术的快速发展而在不断地拓展，为此，尽可能提升公司内部审计人员的信息化操作水平，可望在最大限度上降低内部审计风险，为公司增值提供保证。

在上述指标中，由于专业技术职称、参加交流和培训次数和审计经验的平均年限三项对内部审计人员专业胜任能力评价至关重要，直接影响内部审计的有效性，故将这三项指标的权重均定为0.2，同时，将受教育程度、职业资格证书两项的权重定为0.15，将审计人员信息化的操作水平指标权重设置为0.1。

第7章　内部审计流程的有效性评价

科学、合理的内部审计流程是确保内部审计人员顺利完成审计任务的重要保证，是提高内部审计项目质量、增强内部审计工作效能和提升内部审计形象的基础。我国上市公司内部审计一般都具有相对科学的审计流程规范，但在具体实施过程中其有效性高低有别，而非上市公司的内部审计流程却参差不一，差距甚大。为此，企业内部审计流程不断优化及其有效性评估，不仅是切实提高审计质量和效率、实现审计目标的重要途径，而且也是企业资源整合、保值增值的重要内容。

7.1 内部审计流程对内部审计有效性的影响

流程可以简单定义为将输入转化为输出的一组彼此相关的资源和活动。每一个企业都有许多各种各样的流程，如市场营销流程、产品设计开发流程、原材料采购流程、产品生产流程、设备维修流程、投资决策流程、人事任免流程等。企业正是通过其所有流程的正常运转来完成整个系统的输入输出转化的。

张树帆（1999）认为，任何流程都是较高级系统的要素，又都是较低级要素的系统，企业流程系统在理论上形成了一个无限的等级层次结构，当然这种层次性在实际研究中必然是具有有限性的。黄卫伟（2003）认为，一个流程必须对该业务领域的目标或企业目标作出贡献和产生有价值的效果，才能证明它的有效性。因此，贡献效果应当是衡量一个流程绩效的重要指标。据此，内部审计的业务流程有效性，可围绕质量、时间、柔性和成本等导向加以评价。

刘飚等（2005）提出，流程评价指标体系一般由业务流程成本、业务流程效率、业务流程顾客满意度和业务流程质量 4 个方面组成。其中，业务流程成本包括流程成本、作业成本和资源成本 3 个指标。业务流程效率包括业务流程运行时间或速度、业务流程等待处理的任务队列长度两个指标。业务流程的顾客满意度是指流程的输出满足顾客需求的程度，也有学者称其为流程的有效性，包括业务流程的顾客满意度（CSI）、顾客满意级度（CSM）、顾客满意度相对重要性程度、业务流程顾客的综合满意度评价 4 个指标。业务流程质量为流程产品或服务的质量标准，即符合性标准，它通过比较流程产品或服务与质量标准进行量化，其量化指标有误操作率、废品率、次品率和返工率等。

内部审计流程优化是提高内部审计有效性的重要途径。提高内部审计有效性、降低内部审计风险，是内部审计工作不变的重心。对内部审计机构来说，不断提升内部审计流程的工作质量至关重要。高质量的审计服务离不开高效的审计业务流程。张立民和聂新军（2007）认为，审计业务流程必须能够增加审计的价值。叶陈刚和郑洪涛（2009）提出，审计流程（auditing process）又称审计循环（auditing cycle），是指一个审计项目从开始准备到结束的整个系统化过程的先后顺序和工作内容。对企业而言，内部审计流程是指企业内部审计部门对每一审计项目进行审计时，从开始到结束的整个过程所涉及的工作步骤。换言之，内部审计流程是指在内部审计过程中所进行的内部审计工作、完成内部审计任务、实现内部审计目标的具体步骤和程序。作为联系审计主体与审计客体的纽带，内部审计人员要遵循一定的流程。通过所设立内部审计流程，可以更加明确内部审计目标、把握内部审计工作的重点和中心，有条不紊地开展各项内部审计工作，同时，还可以节省审计时间和审计资源，提高审计工作的效率。

对审计流程再造所应立足的基点，学者们众说纷纭。聂新军、张立民（2008）以审计业务流程再造指数（ASAI）值加以评价，即该指数等于“审计效果”（effective）值除以“审计效率”（efficiency）值，以此作为注册会计师审计程序业务流程再造过程中必须考虑到审计效果与审计效率两个方面。本书认为，这两个因素也可以作为内部审计流程再造评价的主要关注点。

内部审计活动内容直接关系其流程的设计，IIA 在 2010 年对全球内部审计调查报告中，统计结果显示出全球范围内被执行得最多的内部审计业务依次是：经营审计（88.9%），规则的合规审计（75.1%），财务风险审计（71.6%），舞弊和违规调查（71.2%），控制系统有效性评价（68.8%）。中国内部审计协会内部审计发展研究中心在对 2010 年 1～11 月我国近百家国有企业进行调查发现，在企业和金融机构中，内部审计的主导模式是：风险导向审计（23%），制度基础审计（68%），账项基础审计所占的比例为 9%。调查还显示，该期间我国企业内部审计活动分布的基本状况如表 7－1 所示。

表 7－1　　我国国有企业内部审计活动分布结构调查结果（2010 年）

单位：%

财务审计	经济责任审计	专项审计	投资项目审计	经济效益审计	内部控制审计	物资采购审计	合规审计	其他审计	风险管理审计	舞弊审计	IT 审计
23.70	20.21	11.40	10.97	8.41	8.37	5.61	3.77	3.13	2.60	1.36	0.47

以上对部分国有企业调查结果显示，大部分企业内部审计活动围绕财务审计、经济责任审计、专项审计和投资项目审计等经营活动开展，许多大型企业的内部审计活动已经拓展到风险管理审计、内部控制审计、舞弊审计和 IT 审计。

面对我国企业审计活动范围的现状，内部审计流程有效性评价也就应当有所侧重。郑石桥（2011）认为，内部审计业务类型有审核型、监督型、增值型 3 种，组织治理、组织环境还会影响内部审计目标、内部审计客体、内部审计领导体制等其他基本要素，并通过这些基本要素来影响内部审计业务类型。内部审计流程与其类型直接相关。不同时期内部审计流程也会与内部审计业务类型互动发展，因此，内部审计流程有效性评价指标也就必然有不同的设置。

薛茜文（2014）选取了 2013 年国内企业前 500 强中的 100 家企业作为研究样本，分析结果显示，有 43 家企业制定了内部审计流程规范，其中配有详细规范的有 30 家，而仍有 57 家企业没有制定审计业务规范。同时，我国内部审计存在审计时间短、审计人员配置不合理、审计任务繁重和审计技术多为人工操作，缺乏计算机审计的参与等不足。内部审计流程有效性评价的重要内容，就是要考量执行内部审计程序，搜集内部审计证据，发表内部审计意见以及督促被审计部门整改等关键环节。不断优化高质量的内部审计流程，是提升内部审计有效性的有力保证。

7.2　内部审计流程的有效性评价指标

根据 IIA 对 11853 位相关人员的调查，并对 17 项常用内部审计活动评估指标的使用率进行排名，其中，审计计划的完成率为 13.7%，使用率最高，审计建议的接受和执行率为 11.8%，居第二位，内部审计确认或咨询管理要求的数量为 5.8%，通过审计建议所带来的成本节省或避免和改善为 5.7%，审计报告的周转时间为 5.1%。

阿列克谢·索宁（2018）对俄罗斯 2017 年内部审计研究现状和发展趋势进行调查研究，调查发现，内部审计部门负责人在编制年度审计计划时，分别有 71% 和 69% 的公司关注董事会（审计委员会）和高管层的建议。在编制和完善审计报告过程中，有 55% 的公司是在审计流程结束后的 10 ~ 20 个工作日完成的，其中，有近 1/4 的公司需要 10 个工作日，1/4 的公司需要 20 天以上。

在内部审计流程的审计准备、审计实施、审计终结和后续审计 4 个阶段中，都有各自具体的审计流程。内部审计流程绩效的评价，要立足于客户的满意度，帮助企业增加价值，实现企业目标。韩晓梅（2009）认为，必须围绕内部审计质量、内部审计时间和内部审计技术 3 个方面加以进行。陈武朝（2010）认为，在评价内部审计有效性时，应关注内部审计的任务和职责是否符合企业的需要，保证足够的审计范围、覆盖的深度和频度。审计计划必须对企业层面的风险评估结果给予响应，以使企业采取有效的措施来降低风险。显然，内部审计流程有效性评价，首先要梳理该流程有效性评价的影响因素。

后续审计，是指内部审计机构为跟踪检查被审计单位针对审计发现的问题所采取的纠正措施及其改进效果，而进行的审查和评价活动。对审计中发现的问题采取纠正措施，是被审计单位管理层的责任。评价被审计单位管理层所采取的纠正措施是否及时、合理、有效，是内部审计人员的责任。可见，后续审计是由高管层和内部审计人员共同完成的对被审计单位纠正审计发现的不当行为的情况进行审计的流程。作为内部审计独有的后续审计，该流程的关键点在于，在确定合适的后续程序时，内部审计人员应充分考虑报告中的审计发现和建议所涉及的风险，考虑实施纠正措施的困难程度和时间安排等，并以此为依据安排后续工作。为此，对后续审计流程的有效性评价，要根据该流程的特点和工作内容认真加以确定。

有学者提出，可按照过程导向和结果导向这两种不同角度选择确定内部审计质量评价指标。前者是指内部审计整体质量由每个环节和过程组成，而环境、资源和行为是影响内部审计质量的三大因素，由此可以确定以过程为导向的三类评价指标。后者则认为，内部审计结果产生的效益分为可用货币计量的直接效益和不可用货币计量的间接效益。因此，以结果为导向的审计质量评价指标也分为直接评价指标和间接评价指标，其中，直接衡量指标可细分为审计检查力度指标和被审计单位纠正力度指标。间接衡量指标主要是考察内部审计产生的间接效益，评价内部审计为企业带来的管理效益。本书认为，作为内部审计质量评价的组成部分，内部审计流程有效性评价也可通过过程导向和结果导向两个方面加以进行，而从流程基本特性来看，则更应注重以内部审计结果为导向的评价指标。

表 7－2 是根据国内学者对内部审计流程的绩效和有效性评价的相关指标整理。

表 7-2　　内部审计流程的有效性评价指标

评价指标的出处	评价指标
1. 基于价值导向内部审计有效性①	1. 管理能力 (1) 审计成果转化率 (2) 业务流程优化数量 (3) 重复发现的数量 (4) 发现的违规金额 (5) 审计费用节约额 (6) 审计规范的健全性 (7) 审计范围覆盖率 2. 执行能力 (1) 内部审计质量评估的结果 (2) 审计计划完成的比例 (3) 从现场工作结束到报告签发天数
2. 基于 BSC 的内部审计有效性评价②	1. 决定性指标：是否实施审计 2. 影响性指标 (1) 内审机构是否独立于其所审计的活动之外 (2) 有无审计计划 (3) 具体工作是否包含企业层面的风险评估 (4) 具体工作是否包括重要的事项和单位 (5) 工作重点是否准确合适 (6) 有无必要的审计程序 (7) 有无恰当的审计依据 (8) 审计计划实施程度 (9) 是否节约审计费用
3. 基于内部审计工作质量的内部审计业务流程有效性评价③	(1) 审计计划 (2) 审计通知书 (3) 重要性与审计风险 (4) 主要审计工具与技术 (5) 审计证据 (6) 审计工作底稿 (7) 审计报告 (8) 后续审计 (9) 内部审计质量控制 (10) 内部审计督导 (11) 内审外包的质量控制

资料来源：①闫学文，刘澄等．基于价值导向的内部审计评价体系研究理论、模型及应用［J］．审计研究，2013（1）：62-69.

②李兆华，温锦．基于 BSC 的企业内部审计有效性评价体系设计［J］．中国农业会计，2014（7）：19-21.

③梅文瑜．对 CWB 内部审计有效性的研究［D］．华中科技大学，2017.

我国 2014 年 5 月发布的《中国内部审计质量评估手册（试行）》，将评估标准分内部审计环境和内部审计业务两部分，本书认为，其内部审计环境部分可列入内部审计有效性评价的其他各项之中，例如，将独立性与客观性等项目列入内部审计组织模式有效性评价，后续教育管理、内部审计人员的履职表现等列入内部审计人员有效性评价。因此，内部审计环境部分的内容不作为审计流程有效性评估内容，只将内部审计业务部分的项目作为内部审计流程有效性评价的参考依据。同时，将其中的审计证据、审计工作底稿和审计报告 3 项作为我国企业内部审计流程有效性的评价要素。

7.3 内部审计流程的有效性评价方法

本书参考表 7－1 中有关内部审计流程有效评价的相关指标，并结合我国企业内部审计现状，进而确定的内部审计流程有效性的 10 项评价指标。其中，将内部审计流程规范性作为决定性指标，将审计事项的重要程度、审计计划完成百分比、提供重要建议被管理层采纳的比例、主要审计技术的运用程度、审计工作底稿的质量、审计报告的编制质量、从现场结束审计到出具报告的天数和后续审计执行率等 8 项作为影响性指标，详见表 7－3。

表 7－3　内部审计流程的有效性评价

内部审计流程的有效性评价指标	指标性质	评价方式	权重	评价方法
（1）内部审计流程规范性	决定性	定性		审计计划、审计通知书、审计证据、审计工作底稿、审计报告、后续审计等是否完整规范，规范为 1，不规范为 0
（2）审计事项的重要程度	影响性	定量	0.15	超过 90%，100 分；80%～90%，80 分；70%～80%，60 分；60%～70%，40 分；低于 60%，20 分

续表

内部审计流程的有效性评价指标	指标性质	评价方式	权重	评价方法
(3) 审计计划完成百分比	影响性	定量	0.15	超过 90%，100 分；80%～90%，80 分；70%～80%，60 分；60%～70%，40 分；低于 60%，20 分
(4) 提供重要建议被管理层采纳的比例	影响性	定量	0.1	超过 80%，100 分；60%～80%，80 分；40%～60%，60 分；20%～40%，40 分；低于 20%，20 分
(5) 主要审计技术的运用程度	影响性	定量	0.1	审计抽样、分析性复核程序、计算机辅助技术等 3 项的运用程度：3 项均被运用，100 分；有 2 项被运用，60 分；只有 1 项被运用，40 分；3 项均未被运用，20 分
(6) 审计工作底稿的质量	影响性	定量	0.1	审计工作底稿内容完整、记录清晰、结论明确符合程度：100%，100 分；90% 以上，80 分；80% 以上，60 分；70% 以上，40 分；低于 70%，20 分
(7) 审计报告的编制质量	影响性	定量	0.2	满足要素完备、意见准确、证据充分、内容合法等要求：完全符合要求，100 分；证据不充分，80 分；要素不完备，60 分；意见不准确，40 分；不满足两项以上要求，20 分
(8) 从现场结束审计到出具报告的天数	影响性	定量	0.1	10 天以内，100 分；10～15 天，80 分；15～20 天，60 分；20～25 天，40 分；25～30 天，20 分
(9) 后续审计执行率	影响性	定量	0.1	超过 90%，100 分；超过 80%，80 分；超过 70%，60 分；超过 60%，40 分；低于 60%，20 分

(1) 决定性指标的确定。

对一般企业而言，其内部审计流程有效性的决定指标，可就其内部审计流程的规范性加以评价。包括审计计划、审计通知书、审计证据、审计工作底稿、审计报告和后续审计等具体流程的规范，可根据我国内部审计的相关具体准则为标准加以评价。

(2) 审计事项的重要程度。

所谓审计事项的重要程度，是指重要审计事项占所有审计事项的比例，IIA（1997）和 Ziegenfuss（2000）都将其列入绩效评价的指标之中，可见其重要性。对企业而言，审计事项的重要程度总是与企业的风险高低联系在一起的。一般来说，确定企业重大风险，才能进一步确定其审计事项的重要程度。作为衡量内部审计的资源分配是否有效，对企业中重要的领域是否给予了足够关注的指标，它直接反映内部审计在企业关键的重要事项上所发挥的作用，该指标虽然对何为审计事项的重要程度把握困难、数据收集难度大等不足，但它对评价审计流程有效性十分重要。

（3）审计计划完成的百分比。

这是一个衡量内部审计部门产出的有效的指标，它体现的是内部审计的工作效率，指标反映了内部审计活动完成每年的审计计划的基本需求，数据收集简便且难有隐瞒，是一个结果性指标。

（4）提供重大建议被管理层采纳的比例。

该指标侧重于内部审计的工作结果。重要建议只有经过管理层认可，才能真正发挥作用。显然，被认可的重大建议的数量占内部审计部门所提出重大建议数量的比例越大，说明审计流程及其结果越有效。与此相近的指标有：提供重大审计建议的数量和提供重大建议被按期实施的数量，前者包括未被管理层认可的重大建议，而后者则强调重大建议被实施的结果，这两者都比提供重大建议被管理层认可的指标相关度小。

（5）主要审计技术的运用程度。

本书沿用《中国内部审计质量评估手册》的评价标准，将主要审计技术定为审计抽样、分析性复核程序和计算机辅助技术的应用 3 项。其中，信息化操作水平在第 6 章的审计人员有效性评价中已有涉及，但本章将其列入，侧重从总体上考量信息技术在审计过程中所发挥的整体效用，而第 5 章该指标则是从审计人员个人角度考量其信息技术的应用能力。

（6）审计工作底稿的质量。

审计工作底稿既要关注书面证据，也不能忽略口头证据、环境证据；既要关注内部证据，也要关注外部证据，为提供充足的审计证据所进行的有序记录。其整理必须内容完整、记录清晰、结论明确。

(7) 审计报告的编制质量。

审计报告要遵循“依法依规、实事求是、客观公正”的审计评价原则，本着“以事实为依据、以法律为准绳”的原则提出审计发现的问题，处理决定应符合法律法规规章等，同时，审计建议应当依据审计情况，对被审计对象内部控制、业务活动等方面存在的缺陷提出建设性的改进建议，并使之具有可操作性。

(8) 从现场结束审计到出具报告的天数。

这一指标是一个衡量内部审计流程效率的结果性指标，其设计的初衷是将报告程序视为沟通交流过程。如果这种沟通过程较为艰难，则其必然反映在从现场工作结束到报告签发期间所用的天数上。同时，内部审计及时为管理层提供审计报告，可使管理层尽快解决经营过程中存在的问题，减小损失，提高投资者对组织的信任度，因此，通过现场结束审计到出具报告的天数来评估流程的实时性与有效性。

(9) 后续审计执行率。

与注册会计师审计不同的是，内部审计流程除了要经历计划、实施和结束三个阶段外，一般还要经历后续审计阶段。后续审计实质上就是对被审计单位执行审计决定的一种继续监督。它对于提高内部审计工作质量和审计监督的权威性，保证决定的正确执行以及控制整个企业面临的风险起着很大的作用。作为内部审计独有的流程，后续审计是在出具了正式的审计报告后，由审计人员确定审计中发现的问题是否得到了恰当的解决的一种审计，它侧重于公司经营管理活动的检查和评价，以及公司高级管理层关注审计之后的变化，而所谓执行率，则是对审计中发现问题采取的纠正行动及其结果等方面所采取的重要审计程序的程度。

现代审计技术应用应当包括审计抽样、分析性复核、计算机辅助技术等审计方法，故应将现代审计技术应用作为评价指标，本书认为，对许多企业而言，审计抽样、分析性复核等技术已经全面展开，而计算机审计技术的应用则刚展开，故辅以信息技术综合审计作为评价要点以促进内部审计技术更上一层楼。

表 7 - 3 中的 9 项指标根据其对内部审计流程的重要性，将其权重分为三类，审计报告的编制质量，作为内部审计产出的标志成果，此项目在本维度中乃重中之重，故将其比重定为 0.2 为最高；比重占 0.15 的为审计事项的重要程度和审计计划完成百分比等两项；比重占 0.1 的包括提供重要建议被管理层采纳的比例、主要审计技术的运用程度、审计工作底稿的质量、从现场结束审计到出具报告的天数和后续审计执行率等 5 项。应当看到的是，随着内部审计的快速发展，信息技术综合审计的重要性将越显突出。

第8章　高管支持的有效性评价

作为内部审计有效性的五个重要因素之一，高管支持的影响不可忽视，目前，我国企业高管支持对内部审计的影响正逐步显现，本章围绕高管支持对内部审计有效性的影响、高管支持有效性的评价指标和评价方法加以探讨。

8.1 高管支持对内部审计有效性的影响

在公司中，高管即高级管理人员的简称。高管通常是指一个群体，因此也被称为高管团队（Top Management Team，TMP）。与国外不少学者认识相同，我国大多数学者将高管团队界定为董事长和高级管理人员，后者包括总经理、副总经理、总会计师、总经济师、总工程师、总经理助理、各职能总监。

8.1.1 高管支持的基本内涵

我国证监会在2005年颁布的《上市公司高级管理人员培训工作指引》中，对高级管理人员的概念做出了权威性的界定，即指上市公司的董事、董事长、独立董事、董事会秘书、财务总监和总经理。与高管并存的概念之一是高管支持，即“高层管理支持”（top management support/champion），通常作为研究在高管支持下所得到的某种结果。长期以来，公司高管背景特征、高管权利，高管对公司价值，以及高管对公司治理的影响等内容，一直是理论界和实务界研究的热点。

关于高管权力与公司风险相关性的研究，Jensen 和 Meckling（1976）认为，为保护自身未被分散的人力资本，高管可能会表现出比股东所期望的程度更高的风险规避。Adams 等学者认为，公司 CEO 的权利越大，则公司绩效的波动性就越大。权小锋和吴世农（2010）

研究也发现，CEO 权力越大，公司的经营业绩越高，但公司经营的风险也越大。

具有会计、审计专业背景的高管对公司的作用较为明显，王霞等（2004）的研究结果表明，具有专业资质的财务高管能够提高上市公司的会计信息质量，并且具有 CPA 证书的财务高管会显著减少会计差错的发生概率。龚光明等（2013）也认为，具有审计师背景的高管能够获取外部人员难以掌握的信息，因此促使他们更愿意采取盈余管理行为对公司的会计信息产生影响。蔡春等（2015）研究发现，具有审计师背景的高管所在的公司逐渐减少了应计的盈余管理，更多地进行了真实的盈余管理，以兼顾自身收益最大化和降低风险，具有审计师背景的高管对于公司会计信息质量的提高产生了消极影响。

然而，高管对公司的负面影响也不可低估，La Porta 等（2002）研究发现，对投资者法律保护的程度越低，管理层越容易侵害中小股东的利益，进而损害公司价值。刘星等（2012）分析发现，国有企业中高管变更与公司业绩呈负相关关系。徐良果等（2012）研究也发现，管理层“正”向权力和“负”向权力分别同信息披露质量呈负相关和正相关的关系。徐静（2013）认为，目前我国高管层权力的增大能使公司决策高效和控制有效，但高管层强权地位的现状使其不易受到外部监督，易出现通过在职消费渠道进行私有收益的输送行为。

性别、年龄和学历背景等对高管的影响也有所不同。卢馨等（2015）研究显示，男性高管的比例与财务舞弊发生的可能性正相关，高管人员的年龄和学历与财务舞弊发生的可能性负相关。研究证实了部分高管背景特征与财务舞弊行为之间的关系，说明了高管人员的背景特征确实对财务舞弊行为产生了影响。毛新述（2016）研究发现，高管团队总体而言会削弱财务报告质量。

8.1.2　高管支持对内部审计有效性的影响

无论是公司的内部控制，还是内部审计，高管支持都显得十分重要，失去高管的支持，就很难保证内部审计的有效。同时，高管支持对内部控制和对内部审计有效性两者的影响是呈同向性的。高管作为企业经营管理权的履职者，其对企业的管理行为必须作为内部审计日常工作监督的对象，因此高管与内部审计也就必然形成一种制约关系。但从另一方面讲，内部审计与高管又体现一种共生与互动的关系。这体现在内部审计报告所提交的对象，也即向董事会和高管层的双重报告。向董事会提交有利于监督职能发挥，而向高管层提交则有助于咨询智能的发挥。必须强调的是，内部审计报告向高管层的提交，其作用在于可以保证企业规范运作、有效经营以及有效的内部控制体系实施。从这一点上来说，内部审计部门与高管的履职目标是一致的，因而内部审计容易获得高管层的支持，进而有助于内部审计工作的开展，促使内部审计更加有效。当然，当前公司股东和高管间的委托—代理问题依然突出，因此，通过内部审计监督高管活动与行为，仍然是股东认为行之有效的方法。实践证明，随着内部审计的发展，高管对内部审计的看法与利用变得十分复杂，一方面，高管也需要借助内部审计独立和客观性，来完善公司的内部控制，提高经济效益，通过正当途径提高自己的地位和利益；另一方面，高管追求个人利益的最大化需求更加强烈，其手段与方法也变得更加多样。

不可否认，高管层和内部审计之间上述所具有的互动关系，往往左右着公司高管对内部审计的态度，进而影响内部审计所获得的资源和权限，影响公司各个部门对内部审计的认同与支持。值得一提的是，诸多实践表明，具有会计与审计背景的高管，对内部审计的地位与作用更为理解，因而更可能对内部审计人员的工作加以支持。

Haka 和 Chalos（1990）的调查研究表明，管理层和内部审计师在包括上市公司应当完整披露哪些信息，哪些因素会影响公司的会计政策选择等理念上没有什么显著的不同。Sawyer（1993）也提出，高管层对内部审计的需求动机存在的原因有两个：一是组织扩张让他们无法亲力亲为，必须依靠他人提供有关经营运行状况的信息；二是高管层希望借助内部审计的专业力量，应对日益增强的资产流动性要求以及来自生产率的挑战，并通过内部审计显示高管层有愿望改善经营的薄弱环节，向委托人传递受托经济责任有效履行的信号，建立自己的良好声誉。

Stephen（1993）研究发现，内部审计获得董事会和高管层的支持并与之进行有效沟通，能够显著提高内部审计的工作质量。Ruagh（2001）提出，内部审计质量的充分条件之一，是内部审计部门与企业高管保持良好关系。Raghunandan 等（2001）同时认为，高管层不仅不能对内部审计活动的范围加以束缚，更应该要对内部审计的结果和建议给予适当的反馈。Sarens 和 De Beelde（2006）的研究表明，高管层的态度影响内部审计的职责范围和内部审计资源。Sarens（2007）又通过实证研究结果进一步表明，企业的高管支持程度会对内部审计的规模产生正向影响。阿列克谢·索宁（2018）对俄罗斯 2017 年内部审计研究现状和发展趋势进行调查分析，发现内部审计成果的主要使用者是高管层的公司占 97%，而董事会（审计委员会）略低，仅为 82%。

我国学者对高管支持对内部审计的影响也进行了有成效的探讨。石恒贵（2010）认为，管理层在确定高层基调方面有着强大的影响力，管理层对内部审计的态度、支持力度也影响着内部审计在公司治理中作用的发挥。朱敏（2011）研究发现，高管具有财务背景、聘请国内排名前十的会计师事务所审计、现金流量指标和控股子公司个数与内部审计质量显著正相关。

北京国家会计学院审计与风险管理研究所（2013）发布的 2013 年 1～9 月中国企业内部审计行业调研报告指出，我国内部审计行业从业人员素质与不断拓展的职责范围相比存在明显的期望差距，进而造成了受访企业高管层对内部审计机构及其人员的总体评价并不十分满意。其中，58% 的受访者认为本企业高管层对内部审计机构和人员一般满意和不满意，近 40% 的受访者认为企业高层对内部审计机构及其人员满意，只有 2% 的受访者认为企业高层对内部审计机构及其人员很满意。可见，高管层对内部审计工作的满意程度对本书研究的高管支持有效性评估具有较大的影响。

李曼（2014）通过对 250 余家企业内部审计人员的问卷调查发现，高管态度是决定内部审计行为的主要因素，且对内部审计的影响在民营企业更加明显。她同时认为，提高审计绩效是获得高管支持的前提，内部审计需要进行适当营销，让企业董事会和经理层充分认识到内部审计的重要性，支持内部审计的发展。

刘焱和姚海鑫（2014）发现，高管团队权力会影响审计委员会专业性作用的发挥，随着高管团队权力的增加，审计委员会专业性对内部控制的监控作用将被削弱。李丽军（2014）认为，内部审计规模越大，高管层和公司治理层会越支持内部审计的工作，对内部审计投入的预算经费会更高。而且如果内部审计规模较大，在处理审计工作时也不会吃力，投入的时间与精力更多，工作效率会更高，发挥的监督效果更好，内审有效性也就越强。

陈莹和林斌等（2016）以我国 2011 ~ 2013 年 3454 家 A 股上市公司为样本，从内部审计与其他治理主体互动的视角，检验了内部审计的价值增值作用。通过构建多维度衡量的内部审计质量指标，发现当董事长或总经理对内部审计的重视程度较高时，内部审计质量能够显著提升公司价值；反之，其对公司价值的提升作用并不明显。由此进一步表明，公司应提高高管对内部审计的重视程度，给予内部审计更多的支持，推动内部审计为企业价值增值服务。王芳（2016）以 2012 ~ 2015 年在沪深上市的制造商为样本，实证检验内部审计与高管之间的联系，结果表明，上市公司的内部审计质量与高管的特征存在显著的相关关系，高管团队的平均年龄越低、教育程度越高、任期时间越长、团队规模越大时，都可使企业的内部审计质量越高。由此也就可能使内部审计有效性进一步提升。吴国萍和刘怡芳（2016）2014 年 6 月对吉林省上市公司内部审计对内部控制有效性影响进行问卷调查，结果显示，在 38 家上市公司中，内部审计机构参与高层会议的上市公司有 31 家，内部审计与被审计单位进行及时、有效性沟通协调的上市公司也有 31 家，占比均为 81.58%。可见，内部审计机构和高管之间的沟通与联系尚有欠缺。

随着大数据时代的到来，高管对会计信息披露也带来了很大的影响。冯阳（2016）提出，高管可能利用大数据调整企业绩效指标，大数据可能带来高管权力和职责的重构，进而将引起管理模式变化，大数据可能使高管追求的企业利润和自身利益的最大化评价指标发生改变，不同的利益相关者对会计信息存在不同的需求。大数据时代同样影响到高管对内部审计支持的有效性。

梅文瑜（2017）将高管支持作为影响内部审计有效性的四大因素之一，认为高管支持对内部审计有效性起关键作用。高管层加强与内部审计主管之间的沟通，有助于内部审计主管了解利益相关者的需求，进而根据组织的目标和高管层的授权制订符合企业实际的审计计划，相应的资源也能顺利获得批准，同时也有利于内部审计人员履行职责，提高内部审计的有效性。

综上所述，内部审计可以为高管层提供独立、客观的确认和咨询服务。内部审计通过提供咨询服务，为高管层的风险管理过程提供强有力的支持，对内部控制系统改进可提出诸多意见和建议，因此，内部审计与高管层的关系十分密切，没有高管层对内部审计工作的支持，内部审计有效性就难有保证，甚至可能半途而废。实践证明，高管层对内部审计的投入和认可程度的高低与内部审计有效性呈正相关的联系。

8.2 高管支持内部审计的有效性评价指标

如前所述，高管层对内部审计的重视程度，以及对内部审计部门所提出的建议采纳程度，都将直接影响到公司属下各中层管理部门对内部审计的重视和支持程度。离开高管层人力、物力和财力的支持，内部审计有效性必将大打折扣，内部审计有效性与高管支持密切相关。IIA 在提交给美国国会的《改善公司治理的建议》中特别强调，健全的治理结构建立在董事会、执行管理层、外部审计和内部审计四个基本主体的协同之上（IIA，2002）。纽约证交所上市规定要求内部审计机构负责人，通过向高管层提供风险评估和内部控制系统的评估意见来联系公司高管层（SEC，2003）。内部审计准则特别建议内部审计机构负责人应该就内部审计活动、目的、权限、实施计划向高管层定期报告，这种报告方式也适用于显著的风险暴露、控制与治理问题以及其他需要向高管层报告的问题（Performance Standard 2060，IIA，2003b）。

我国内部审计协会发布的《第 2302 号内部审计具体准则——与董事会或者最高管理层的关系》指出，内部审计机构应当接受董事会或者最高管理层的领导，保持与董事会或最高管理层的良好关系，实现董事会、最高管理层与内部审计在组织治理中的协同作用。同时，提出内部审计机构与董事会或者最高管理层的关系主要包括接受董事会或者最高管理层的领导和向董事会或者最高管理层报告工作两大方面。并且进一步指出，在日常工作中，内部审计机构还应当与董事会，或者最高管理层就董事会或者最高管理层关注的领域进行交流，主要包括内部审计活动满足董事会或者最高管理层信息需求的程度，内部审计的新趋势和最佳实务，以及内部审计与外部审计之间的协调等事项。

目前，众多参考文献中少有涉及高管支持与内部审计有效性的关系，更多文献偏重于对高管层与内部审计绩效、内部审计质量等联系研究。关于各维度的具体指标如何分类，学者们众说纷纭。王春兰（2007）认为，高级管理人员对内部审计的看法，应通过来自高管层满意度调查，或通过审计委员会会议上的直接反馈，对内部审计工作要有 90% 的满意度。吴镇启和李淳惠（2015）认为，大多数基于平衡计分卡建立的内部审计绩效评价模型，是从四个维度来进行具体指标扩展，其间忽视了各个维度之间的因果关系。故两位学者将内部审计创新与成长、内部审计流程与审计结果 3 个维度作为反映一系列指标间的总体的因果关系加以重构，并且将改进工作流程的次数列入内部审计流程维度，将管理层对内审工作的满意程度列入审计结果维度。

表 8－1 是根据国内学者对高管支持有效性评价的相关指标整理形成的。

表 8－1　　高管支持的有效性评价的相关指标

评价指标的出处	评价指标
1. 价值导向内部审计有效性评价指标，其中有关高管支持的有 5 项[①]	（1）管理层对内部审计功能定位 （2）管理层对内部审计业务要求 （3）被审组织对内部审计的角色定位 （4）管理层对内部审计满意度 （5）对审计部门投诉的数量
2. 基于 BSC 的内部审计有效性评价指标，其中有关被审单位意见的有 7 项[②]	1. 决定性指标：是否提出审计意见 2. 影响性指标 （1）被审单位配合程度 （2）审计意见接受程度 （3）审计意见执行程度 （4）执行审计意见是否带来效益 （5）内审机构有无被投诉 （6）被审计单位对内审机构满意度
3. 基于内部审计章程、年度审计计划与人员调配的高管支持有效性评价[③]	（1）内部审计章程 （2）年度审计计划 （3）人员配备

资料来源：①闫学文，刘澄等．基于价值导向的内部审计评价体系研究理论、模型及应用［J］．审计研究，2013（1）：62－69.

②李兆华，温锦．基于 BSC 的企业内部审计有效性评价体系设计［J］．中国农业会计，2014（7）：19－21.

③梅文瑜．对 CWB 内部审计有效性的研究［D］．华中科技大学，2017.

8.3 高管支持的有效性评价方法

参考表 8－1 中有关高管支持的内部审计评价的文献资料，并结合我国国情和对企业发展现状，本书确定了高管支持的内部审计有效性 8 项评价指标，即：（1）高管层的满意程度；（2）高管层关于内部审计角色的看法；（3）审计建议得到执行的比例；（4）对审计部门的投诉数量；（5）高管层提出审计要求的次数；（6）改进工作流程的项数；（7）审计结果重复数。其中，高管层的满意程度为决定性指标，而其余 6 项为影响性指标。如表 8－2 所示。

表 8－2　　　　高管支持的有效性评价表

高管支持的有效性评价指标	指标性质	评价方式	权重	评价方法
（1）高管层的满意程度	决定性	定性		满意为 1 分；不满意为 0 分
（2）高管层关于内部审计角色的看法	影响性	定性	0.2	风险管理专家，100 分；管理审计专家，80 分；查错防弊能手，60 分；财务得力助手，40 分；其他，20 分
（3）审计建议得到执行的比例	影响性	定量	0.2	90%～100%，100 分；80%～89%，80 分；70%～79%，60 分；60%～69%，40 分；60%以下，20 分
（4）对审计部门的投诉数量	影响性	定量	0.2	少于 2 次/年，100 分；2～3 次/年，80 分；4～5 次/年，60 分；6～7 次/年，40 分；大于 7 次，20 分
（5）高管层提出审计要求的次数	影响性	定量	0.2	16 次以上，100 分；11～15 次，80 分；6～10 次，60 分；3～5 次，40 分；3 次以下，20 分

续表

高管支持的有效性评价指标	指标性质	评价方式	权重	评价方法
(6) 改进工作流程的项数	影响性	定量	0.1	20 项以上，100 分；15 ~ 19 项，80 分；10 ~ 14 项，60 分；5 ~ 9 项，40 分；0 ~ 4 项，20 分
(7) 审计结果重复数	影响性	定量	0.1	0 ~ 3 个，100 分；4 ~ 6 个，80 分；7 ~ 9 个，60 分；10 ~ 12 个，40 分；13 个及以上，20 分

(1) 高管层的满意程度。

该指标是高管层对内部审计所提供服务的认可程度，我们将其定为决定性指标，是考虑到该指标的重要作用。如果内部审计所提供的服务不被高管层认可，那么对高管支持的有效性评价便会显得毫无意义，作为客户满意度的指标之一，它直接反映内部审计与高管层的密切关系。高管层的满意度评价一般通过调查结果加以显示，可细分为满意、比较满意、基本满意和不满意等四种，本书将前三种列入满意一类，如此，当调查结果为满意者时，则可继续对后续的影响性指标加以评价。

(2) 高管层关于内部审计角色的看法。

该指标主要从高管层对内部审计人员所扮演角色加以考虑，与审计委员会对内部审计的看法一样，都是属于客户反映指标，它反映了高管层对内部审计职能定位的看法，内部审计职能的与时俱进，对企业服务咨询的增值要求，必然要影响到高管层对内部审计角色看法的转变。

(3) 审计建议得到执行的比例。

审计建议得到执行的比例，反映了内部审计建议得以执行的程度，内部审计部门所提出的建议质量越高，对企业的战略目标的实现和自身价值的提升越有帮助，高管层也会更多地采纳执行所提出的审计建议。这一指标直接反映高管层和内部审计业务关系的融洽程度。

审计建议采纳率为年度内内部审计建议被执行的数量与内部审计建议总数量之比。

（4）高管层对审计部门的投诉数量。

该指标反映了高管层对内部审计提供服务的态度和意见。一般地，内部审计在审查被审计单位经济业务活动、内部控制和风险管理过程中，没有提出任何实质性改进建议，甚至一味地干涉其他部门的工作，被投诉的次数就会增多，内部审计自身存在的价值也随之降低。但由于高管层和内部审计部门的利益目标不同，可能导致高管层对内部审计报告的不同看法，进而产生投诉意见增多的情况。因此使用这一结果性指标应当对投诉内容进行客观分析。

（5）高管层提出审计要求的次数。

该指标是一个衡量内部审计受信任程度的结果性指标，高管层对内部审计要求数量的增加，客观上反映了高管层对内部审计能力和审计效果的认可，换句话说，如果高管层对内部审计工作不满意，就不可能要求增加内部审计的次数。本书将其 10 次及以上者设为满分，要求可能偏高，但从企业长远发展来看，这一设置是合理的。

（6）改进工作流程的项数。

改进工作流程的项数指标，反映高管层对内部审计所提出的企业经营流程建议的改进项数，显然，高管层对企业经营流程建议的改进项数越多，越能给企业提升市场竞争力提供支持。改进工作流程的项数之所以将 20 项定为满分，是基于当前企业流程改进项数不多的情况下设定的，工作流程的不断改进是大势所趋，随着经济、技术的快速发展，工作流程需要改进的项数必然要增多。

（7）审计结果重复数。

该指标直接反映内部审计所发现的问题未能被高管层改进或解决，致使该问题（或类似问题）重复出现在每次的审计结果之中的次数。重复次数越少，说明高管层为减少重复次数所作努力的积极性高，并获得良好结果。如果管理层反复发现以前出现的同样问题，这便表明内部审计部门提出的解决方案并未发挥作用。该指标在一定程度上反映内部审计结论受到高管层重视程度和建议执行的结果。

在权重分配方面，本书将高管层关于内部审计角色的看法、审计建议得到执行的比例、审计部门投诉的数量、高管层提出审计要求的次数等 4 项作为重要影响性因素，其权重定为 0.2，而将对改进工作流程的项数和审计结果重复数等 2 项作为一般影响因素，其权重定为 0.1。

第9章　外部审计师的有效性评价

外部审计师在进行符合性测试时，需要依赖内部审计人员的工作，包括同内部审计人员协调审计工作和受其直接支持两个方面。为此，就必须先行对内部审计工作与成果的可靠性进行评估，而借助该评估，内部审计质量、内部审计人员胜任能力等可获得较为客观公正的评价，这无疑为内部审计有效性评价提供更为有利的依据。

9.1 外部审计师对内部审计有效性的影响

关于外部审计与内部审计之间关系的研究，早在20世纪40年代就已开始（Thuerston，1949）。现代内部审计之父——劳伦斯·索耶（1981）等指出："内部审计人员和外部审计人员必须共同努力……必须相互尊重，互相运用对方的才能，必须发展牢固和持久的关系。当他们相互理解各自的职能并谨慎合作时，也就说明这两个相分离的职业是可以共同工作，并协调一致的，谁也不要屈从于谁"，可见，外部审计与内部审计两者的关系十分密切。

Schneider（1985）认为，通过依赖内部审计，外部审计的预算工作小时数大约平均减少38%，也就是说，外部审计平均预算小时数的38%由内部审计代替完成。由此可见，外部审计师在对一个公司进行审计之际，总是需要借助于内部审计已有的审计成果，如此，既可少走弯路，又可节省审计时间，提高审计工作效率。然而，这种借助和依赖又需要信任的支持，换句话说，如果内部审计的审计质量令外部审计师难以信任，或者带有明显的虚假性，那么，外部审计师宁可不要内部审计的成果。而这种信任也就迫使外部审计师需要对内部审计的可靠性进行评估。另外，借助外部审计师对内部审计可靠性的评价因素和评价指标，我们又可以对内部审计有效性加以评价。

外部审计师判断内部审计成果能否作为依赖，其重要标准就是内部审计质量。关于内部审计中何种因素最为值得外部审计师依赖，众说纷纭。Abdel－Khalik，Snowball 和 Wragge（1983）认为，内部审计的报告水平是决定是否受到依赖的最重要因素。Brown（1983）检验了外部审计对内部审计工作总体可靠性的判断。在其研究的6个因素中，内部审计师在上一年度的审计工作、内部审计部门的监管充分性和内部审计后续程序的满意度等三者与内部审计工作质量相关；内部审计师的报告水平与内部审计客观性相关；持续教育项目的存在性和内部审计师的职业资格两者与内部审计师能力相关。在以上6个因素中，内部审计师在上一年度的审计工作和内部审计部门的监管充分性两者最为重要，这两个因素分别解释了25%和19%的判断变量。Schneider（1985）则认为在可依赖的决定因素中，审计结果执行情况和胜任能力两者比客观性更为重要。Margheim（1986）发现胜任能力和审计结果执行情况的相互结合，对外部审计师的时间预算有重要影响。大部分学者采用SAS No. 65（AICPA，1991）中强调的三个方面决定因素，即胜任能力、客观性以及审计结果的执行情况作为内部审计质量的标准。

Tissen 和 Colson（1990）认为，在内部审计工作可依赖的12个重要标准中，内部审计的范围、内部审计的专业胜任能力以及审计报告关系等三项标准最为重要。另有一类研究认为，外部审计师对内部审计的依赖程度，受被审计单位的风险、外部审计师特征以及外部审计与客户内部审计关系的影响。Margheim 和 Label（1990）发现利用已有的内部审计工作受被审计单位管理者诚信的影响。管理者诚信越高，外部审计师依赖内部审计则越多，反之亦然。

关于内部审计质量对外部审计的影响进行了研究，Felix（2001）等以财富1000强为样本进行测试，发现外部审计师财务报表审计中27%的必要工作由内部审计完成，通过调查发现，外部审计师如果在财务报表审计时利用内部审计人员的工作成果，则将会使内部审计对财务报告质量产生积极的影响。最后得出内部审计质量的高低与它对外部审计的贡献呈显著的相关关系。Graling、Maletta、Schneider 和

Church（2004）四位学者对内部审计是否为外部审计提供帮助进行了检验，研究结果表明，内部审计质量越高，外部审计越信任其工作，内部审计为外部审计提供的帮助就越大。

PCAOB第5号审计标准规定，在内部审计工作满足一定的标准，并且外部审计师通过利用内部审计工作成果可以提高审计效率的情况下，外部审计师可以依赖内部审计工作。PCAOB（2007）认为，具有较高质量的内部审计能够降低审计风险，因此，外部审计师可以利用高质量内部审计工作的成果来为其提供帮助。

国内学者也对外部审计师与内部审计关系进行研究，刘凤红（1997）认为，作为是否依赖内部审计工作外部审计师的决定因素，包括内部审计的独立性、胜任能力及工作质量、内部审计的职责范围和工作质量与外部审计的工作要求符合程度、内部审计人员应有的职业谨慎等方面。王光远（2002）指出，由独立于组织的外部合格人士来评价内部审计的业绩，可以确保评价工作独立、避免有实质的或明显的利害冲突。在总结专家经验的基础上，他认为注册会计师对内部审计依赖的程度，应视内部审计制度是否健全，其工作效率、效果及独立性能否令人满意而定。

傅黎瑛（2007）对2005年8月至10月在北京国家会计学院参加培训的国内注册会计师学员问卷调查显示，我国企业内部审计与外部审计尚未形成良好的相互依赖关系，注册会计师在利用内部审计的工作成果和人力方面比较差。注册会计师大部分认为内部审计独立性低，内部审计人员的胜任能力不强。其对内部审计的利用程度从高到低依次是：内部控制系统测试、审计计划、分析性程序、实质性测试。韩晓梅（2009）根据Ziegenfuss（2000）的25项指标，提出内部审计绩效评价应围绕董事会及审计委员会、管理层及被审计单位、内部审计流程、创新和学习，以及外部审计师5个维度，组成的平衡计分卡评价指标体系。黄剧杰和施建军等（2010）认为，根据以往研究，在不考虑因素间的相互关系和相互作用的情况下，没有任何一个单一因素能够决定外部审计师对内部审计功能的评价与利用。

吴国萍和刘怡芳（2016）2014 年 6 月对吉林省上市公司内部审计对内部控制有效性影响进行问卷调查，结果显示，在 38 家上市公司中，外部审计利用内部审计相关审计工作底稿的上市公司有 23 家，占比为 60.52%；内部审计与外部审计相互参阅审计报告的上市公司为 27 家，占比 71.05%。可见，我国尚有不少上市公司的工作底稿尚未能被外部审计师所利用，其间沟通也有较大的欠缺。

郑石桥（2017）认为，根据现行规定，上市公司需要同时进行管理层内部控制评价和外部审计师内部控制审计，两者所发表的评价意见会出现不一致，甚至是完全相反的意见，因此，两者的相互沟通很有必要。

9.2　外部审计师的有效性评价指标

王光远（2002）指出，评价与外部审计师协调的业绩包括内部审计能否节省外部审计师的审计费用和审计时间、外部审计师对应用内部审计师资料的反映、外部审计师能否信任并利用本组织内部审计机构作深入的审计。

徐小燕（2013）认为，应从对内部审计所提供的内部控制情况的满意程度、对内部审计工作底稿的利用程度和与外部审计师交流的频率 3 个方面对内部审计绩效加以综合评价。

安广实等（2015）认为，基于绩效棱柱法的增值型内部审计业绩评价指标体系架构由组织的内、外部利益相关者两类组成。其中，外部的利益相关者主要是与内部审计有密切合作关系的外部审计师，对此，应围绕对内部审计评价内部控制有效性的满意度、外部审计时间减少率、评价内部审计的独立性、内外部审计的协调程度和内部审计工作底稿利用率等指标对内部审计绩效加以评价。

表9-1是根据国内学者对外部审计师的绩效及有效性评价的相关指标整理形成的。

表9-1　　外部审计师的有效性评价的相关指标

评价指标的出处	评价指标
1. 价值导向内部审计评价指标①	(1) 外部审计师对内部审计的期望 (2) 外部审计师与内部审计交流的数量 (3) 减少的外部审计工作时间 (4) 外部审计师对内审工作底稿的利用程度
2. 基于BSC的内部审计有效性评价指标②	1. 决定性指标：外部审计师是否利用内部审计工作 2. 影响性指标 (1) 外部审计师对内部审计的期望 (2) 外部审计师对内部审计工作的利用
3. 企业内部审计绩效评价指标③	(1) 对内部审计部门提供的内部控制情况的满意度 (2) 与外部审计师交流的数量 (3) 对内部审计工作底稿的利用程度 (4) 由于内部审计的协调而减少外部审计时间
4. 基于绩效棱柱法的增值型内部审计业绩评价指标④	(1) 对内部审计评价内部控制有效性的满意度 (2) 外部审计时间减少率 (3) 评价内部审计的独立性 (4) 内外部审计的协调程度 (5) 内部审计工作底稿利用率

资料来源：①闫学文，刘澄等. 基于价值导向的内部审计评价体系研究理论、模型及应用［J］. 审计研究，2013（1）：62-69.

②李兆华，温锦. 基于BSC的企业内部审计有效性评价体系设计［J］. 中国农业会计，2014（7）：19-21.

③韩晓梅. 企业内部审计绩效研究［M］. 大连：东北财经大学出版社，2009：146-154.

④安广实，程月晴. 基于绩效棱柱法的增值型内部审计业绩评价指标体系构建［J］. 吉林工商学院学报，2015（6）：32-37.

9.3　外部审计师的有效性评价方法

内部审计有效性为外部审计借助内部审计提高审计效率，减少审计摩擦提供了支持。参考表 9－1 中有关外部审计师有效性评价的文献资料，并结合我国国情和对上市公司基本要求，进而确定外部审计师的内部审计有效性 5 项评价指标：（1）外部审计师是否利用内部审计工作；（2）对内部审计部门评价内部控制有效性的满意度；（3）对内部审计工作底稿的利用程度；（4）与内部审计师交流的数量；（5）由于内部审计的协调而减少外部审计时间。其中，外部审计师是否利用内部审计工作为决定性指标，其余 4 项为影响性指标。详见表 9－2。

表 9－2　　外部审计师的有效性评价表

外部审计师的有效性评价指标	指标性质	评价方式	权重	评价方法
（1）外部审计师是否利用内部审计工作	决定性	定性		是为 1 分；否为 0 分
（2）对内部审计部门评价内部控制有效性的满意度	影响性	定性	0.4	非常满意，100 分；满意，80 分；基本满意，60 分；较不满意，30 分；不满意，0 分
（3）对内部审计工作底稿的利用程度	影响性	定量	0.3	80% 以上，100 分；60%～80%，80 分；50%～60%，60 分；30%～50%，40 分；30% 以下，20 分
（4）与内部审计师交流的次数	影响性	定量	0.2	10 次以上，100 分；7～9 次，80 分；4～6 次，60 分；2～3 次，40 分；少于 2 次，20 分
（5）由于内部审计协调而减少的外部审计的时间	影响性	定量	0.1	5 天以上，100 分；4～5 天，80 分；2～3 天，60 分；1～2 天，40 分；低于 1 天，20 分

（1）外部审计师是否利用内部审计工作。

外部审计师在进行审计时不可能完全撇开内部审计已有的工作成果，如内部审计报告、内部审计工作底稿等，尤其是对上市公司而言，由于其外部审计工作的复杂性和高要求，离开内部审计工作就可能遇到许多问题。因此，我们将这一指标作为决定性指标，由该指标决定外部审计师有效性的评价关卡。

（2）对内部审计部门评价内部控制有效性的满意度。

内部审计师与外部审计师都需要了解企业内部控制的有效性，但各自目的不同，内部审计师旨在对组织的内部控制加以改进，外部审计师旨在设计实质性测试的范围，进而确定其审计过程中将要在多大范围内做实质性程序，以减少符合性测试的步骤。外部审计师对内部审计部门提供的内部控制有效性评价的满意度越高，说明内部审计对于内部控制的掌握越是清楚明了，进而内部审计有效性越高。

对内部审计部门评价内部控制有效性的满意度。外部审计师要对组织进行审计，就要借助内部审计部门对内部控制有效性的评价，确定审计测试的范围和步骤，此指标仅分为非常满意、满意、基本满意、较不满意和不满意 5 种，对于不满意的评价，此项目分值为 0。同时，由于这一定性指标的重要性，因此其权重为 0.4。

（3）对内部审计工作底稿的利用程度。

该指标反映外部审计师在审计过程中，利用内部审计工作底稿的利用率。一般地，外部审计师对内部审计工作底稿的利用程度越高，表明内部审计工作底稿的质量得到了外部审计师的认可度越高，外部审计师从中获得的数据越有用，进而也说明内部审计的有效性越高。

对内部审计工作底稿的利用程度指标，借助内部审计的工作底稿，外部审计师可能少走弯路，进而，也就可能降低审计风险，节省审计时间，为此，将本指标权重定为 0.3。一般来说，工作底稿利用率达到 80% 以上，从另一个侧面显示内部审计工作质量较高，而利用率在 30% 以下者，则反映内部审计所完成的工作底稿质量低下，对外部审计师审计作用不大。

（4）与外部审计师交流的次数。

这一指标反映内部审计师与外部审计师之间的沟通程度。交流的次数越多，内部审计师与外部审计师之间的协作程度也就越高，进而也就保证内部审计更有效。

外部审计师在对组织进行审计过程中，免不了要与组织的内部审计部门进行交流沟通，因此初步将交流次数达10次以上者定为满分10分，当然，企业的规模与审计业务复杂程度的不同，其交流次数的确定也不尽相同。

（5）由于内部审计的协调而减少的外部审计时间。

外部审计师在审计过程中，不可避免地要与内部审计部门就某些审计问题加以协调，这样既可保证外部审计报告的恰当性和公允性，同时，也可减少外部审计的时间，节约外部审计的费用。

所谓由于内部审计的协调而减少外部审计时间，其计算是与外部审计计划对比形成的。相对以上指标，因内部审计协调而减少外部审计时间的指标所占权重仅为0.1，基于评价内部审计有效性评价的重要性考虑，这一时间因素对内部审计有效性的影响要小些。

第10章 我国企业内部审计有效性问卷调查与分析

随着企业不断深入开展内部审计活动及实践，其在内部审计实践方面已经取得了一些显著成果。但是，最近几年，发生的一些财务舞弊事件在很大程度上暴露出目前企业内部审计仍存在一定的缺陷。因此，调查企业内部审计的现状，总结和分析企业在实施内部审计过程中积累的经验，对提高企业经营管理水平、保护国有资产的安全和完整、提高企业抗风险能力具有重要意义。

面对市场竞争激烈的变化，企业需要保证自身的可持续发展。为适应新的发展目标，企业的内部审计改革势在必行。只有提升内部审计的地位，提高内部审计人员的素质，改善内部审计工作的思路，充分利用计算机辅助审计技术，强化内部审计的监督和服务功能，才能适应激烈竞争下新的发展要求。为更好地解决企业内部审计存在的问题，必须清楚现阶段企业内部审计的现状。为此，本书通过问卷调查的方式对我国企业内部审计的情况进行了解。通过对回收问卷的数据统计，我们作出以下的分析。

10.1 调查概况

10.1.1 问卷设计

为了解我国企业内部审计的发展现状，本书以受托责任理论与公司治理理论为基础，根据国内外已有的关于企业内部审计的研究，并结合对相关专家的访谈结果设计了符合研究需要的调查问卷。根据前面章节构建的内部审计有效性评价体系，本次问卷主要分为以下六个部分：

第一部分，企业基本信息。该部分主要包括受访企业的性质、是否设立内部审计机构，以及内部审计机构的规模等问题。

第二部分，内部审计组织模式有效性评价。该部分主要包括内部审计的职能定位及其隶属关系、内部审计制度的完善情况、内部审计经理的学历水平、职业资格、工作年限、会谈频率等问题。

第三部分，内部审计人员有效性评价。该部分主要包括内部审计人员遵守职业道德情况、受教育程度、专业技术职称、职业资格、交流培训次数、经验年限、信息化操作水平等问题。

第四部分，内部审计流程有效性评价。该部分主要包括内部审计流程规范性、审计事项的重要性、审计计划完成比例、重要建议被采纳比例、审计技术的运用程度、工作底稿的质量、审计报告的质量、出具审计报告的天数、后续审计执行率等问题。

第五部分，高管支持有效性评价。该部分主要包括高管层对内部审计的满意程度、对内部审计角色的定位、审计建议的执行比例、对审计部门的投诉量、提出审计要求的次数、改进工作流程的次数、审计结果重复数等问题。

第六部分，外部审计师有效性评价。该部分主要包括外部审计师是否利用内部审计工作、对内部审计部门评价内部控制有效性的满意度、对内部审计工作底稿的利用程度、与内部审计师交流的次数、内部审计减少外部审计的时间等问题。

问卷以选择回答为主，同时采用匿名方式以减轻受访企业的心理负担，从而能够尽可能充分地调查获得我国企业内部审计有效性的真实情况。

10.1.2　样本特征

本次问卷调查选取我国企业作为调查对象，采用随机抽样的方式进行。调查从 2019 年 6 月开始，历时 4 个月，通过发送电子版问卷、电话询问等方式，共收回问卷 90 份，删除无效问卷后，用于分析的问卷共计 86 份，有效问卷占总问卷的 95.56%。本次调查的主要对象是企业的内部审计人员，大部分为内部审计部门负责人，均直接参与企业内部审计的工作，因此，可以在一定程度上保证本次调查的真实性和可靠性。

本次共有86家企业参与了问卷调查。其中，国有企业16家，民营企业66家，外资企业4家。在86家企业中，设立内部审计机构的企业有78家，仅8家企业没有设立内部审计机构。在78家已设立内部审计机构的企业中，内部审计机构人员3人以下有21家，3~5人的有34家，6~10人的有13家，10家企业内部审计人员人数达10人以上（见表10-1和表10-2）。

表10-1　受访企业性质分布

企业性质	国有企业	民营企业	外资企业
数量	16	66	4
占比	18.61%	76.74%	4.65%

表10-2　内部审计机构人数分布

人数	3人以下	3~5人	6~10人	10人以上
数量	21	34	13	10
占比	26.92%	43.59%	16.67%	12.82%

10.2 结果分析

参加本次调查的86家企业中，有8家企业尚未设立内部审计机构，因此，以下着重对78家已设立内部审计机构的企业进行内部审计有效性评价分析。

10.2.1 内部审计组织模式有效性评价分析

对于内部审计的职能定位，13家企业定位为监督、评价和咨询职能，占比 16.67%；28 家企业定位为监督和评价，占比 35.9%；33 家企业定位为监督，占比 42.31%；4 家企业认为内部审计具有监督功能但执行软弱，占比 5.13%。可见，大部分企业对于内部审计的定位更多的是放在监督上，评价和咨询职能还须强化。

内部审计机构组织模式的分布如下：11 家企业隶属于董事会和总经理，占比 14.1%；18 家企业隶属于审计委员会，占比 23.08%；7 家企业隶属于监事会，占比 8.97%；36 家企业隶属于总经理，占比 46.15%；6 家企业隶属于财会部门，占比 7.69%。可见，仅有 37.18% 的企业隶属于审计委员会或董事会，大部分企业的内部审计机构仍隶属于总经理，甚至是财会部门，这样内部审计机构的独立性难以保证（见表 10－3）。

表 10－3　　内部审计机构组织模式分布

	董事会和总经理	审计委员会	监事会	总经理	财会部门
数量	11	18	7	36	6
占比	14.1%	23.08%	8.97%	46.15%	7.69%

整体来看，被调查企业内部审计制度的完善情况较好，80% 以上的企业内部审计制度完善或较为完善，不完善占 19.23%，没有形同虚设和未设立内部审计制度的企业。当然，本问卷调查的对象主要是内部审计人员，在填写问卷时可能会带有一定的主观性。

在本书第 5 章的内部审计组织模式有效性评价中，以是否设立审计委员会分设两个评价指标系列，相应设置表 5－3，即设立审计委员会的企业内部审计组织模式有效性评价表，设置表 5－4，即未设立审计委员会的内部审计组织模式有效性评价表。考虑此次被调查企业设立审计委员会的仅占 14.1%，故本问卷调查与分析采用表 5－4 加以评价。

对于内部审计经理的学历水平，博士 1 人，占比 1.28%，硕士 16 人，占比 20.51%；学士 54 人，占比 69.23%；大专 7 人，占比 8.97%。内部审计经理的职业资格情况如下：具有国际注册内部审计师（CIA）、中国注册会计师 CPA、高级审计师 19 人，占比 24.36%；英国特许公认会计师（ACCA）、内部控制自我评估师（CCSA）、审计师 12 人，占比 15.38%；注册舞弊检查师（CFE）、注册管理会计师（CMA）8 人，占比 10.26%；经济管理类其他中级职称 34 人，占比 43.59%；内部审计岗位资格证书 5 人，占比 6.41%。内部审计经理的工作年限 20 年以上 5 人，占比 6.41%；15～20 年 11 人，占比 14.1%；10～15 年 31 人，占比 39.74%；5～10 年 24 人，占比 30.77%；3～5 年 7 人，占比 8.97%。内部审计经理与审计委员会、董事会、高管层等会谈次数 2 次以上/季有 11 家，占比 14.1%；2 次/季有 20 家，占比 25.64%；1 次/季有 30 家，占比 38.46%；1 次/半年 11 家占比 14.1%；1 次/1 年 6 家，占比 14.1%。

由上可见，内部审计经理的学历以本科为主，高达 69.23%，而研究生及以上学历只有 17 人，缺乏高学历的内部审计经理。此外，职业资格证书以其他中级职称为主，获得 CIA、CPA、ACCA 等资格证书的比例仅有 50%。内部审计经理的工作年限主要介于 5～15 年，年限在 20 年以上的仅有 5 人，说明缺乏资深的内部审计经理。同时，内部审计经理与董事会、高管层的会谈次数较少，2 次以上/季只占 14.1%，大部分企业仅维持 1～2 次/季的交流频率。综上所述，在 78 家企业中，大部分企业内部审计机构仍局限在监督职能，隶属于总经理，独立性不够强，缺乏高学历、资深的内部审计经理，专业技能有待提高。

10.2.2 内部审计人员有效性评价分析

在被调查的 78 家企业中，100% 内部审计人员遵循职业道德。内部审计人员本科及以上学历占比 80% 以上有 9 家，占比 11.54%；70% 以上有 21 家，占比 26.92%；60% 以上有 33 家，占比 42.31%；50% 以上有 10 家，占比 12.82%；50% 以下有 5 家，占比 6.41%。

内部审计人员专业技术职称中级及以上80%以上有3家企业，占比3.85%；70%～80%以上有12家，占比15.38%；60%～70%有32家，占比41.03%；50%～60%有21家，占比26.92%；50%以下有10家，占比12.82%。可见，内部审计人员本科及以上学历的占比基本都在50%以上，获得专业技术职称中级及以上主要集中在50%～60%，基本符合内部审计人员的学历和专业技术职称要求（见表10－4）。

表10－4　　　内部审计人员中级及以上职称占比分布

	80%以上	70%～80%	60%～70%	50%～60%	50%以下
数量	3	12	32	21	10
占比	3.85%	15.38%	41.03%	26.92%	12.82%

内部审计人员持有职业资格证书的情况如下：持有国际注册内部审计师（CIA）、中国注册会计师CPA、英国特许公认会计师（ACCA）证书占比在50%以上有9家，占比11.54%；持有内部控制自我评估师（CCSA），注册舞弊检查师（CFE）、注册管理会计师（CMA）证书在50%以上的有7家，占比8.97%；持有内部审计岗位资格证书在50%以上的有60家，占比76.92%；持有内部审计岗位资格证书在30%～50%的有2家，占比2.56%。

内部审计人员每年人均参加交流和培训次数8以上的企业有2家，占比2.56%；6次以上8家，占比10.26%；4次以上16家，占比20.51%；2次以上30家，占比38.46%；1次22家，占比28.21%。内部审计人员审计经验人均年限超过10年的1家，占比1.28%；5～10年的17家，占比21.79%；3～5年的45家，占比57.69%；2～3年的12家，占比15.38%；2年以下的3家，占比3.85%。内部审计人员持有审计信息化操作认证超过80%的有33家，占比42.31%；70%～80%的有29家，占比37.18%；60%～70%的有14家，占比17.95%；50%～60%的有2家，占比2.56%。

由表10－5可见，内部审计人员的学历和专业技术职称基本符合要求，但职业资格证书的获取主要停留在内部审计岗位资格证书上，同时人均审计经验5年以下的占比共计76.92%，每年人均参加交流和培训次数1～2次的占比66.67%。因此，内部审计人员后续专业技能的培养、交流和培训亟须加强。

表10－5　　　　内部审计人员审计经验人均年限

	超过10年	5～10年	3～5年	2～3年	2年以下
数量	1	17	45	12	3
占比	1.28%	21.79%	57.69%	15.38%	3.85%

10.2.3　内部审计流程有效性评价分析

在被调查的78家企业中，100%内部审计流程符合规范。审计事项的重要程度超过90%的有5家，占比6.41%；80%～90%有16家，占比20.51%；70%～80%有20家，占比25.64%；60%～70%有35家，占比44.87%；低于60%的有2家，占比2.56%。审计计划完成比例90%以上的有25家，占比32.05%；完成80%～90%的有23家，占比29.49%；完成70%～80%的有17家，占比21.79%；完成60%～70%的有13家，占比16.67%；低于60%的0家。提供重要建议被管理层采纳80%以上的有4家，占比5.13%；60%～80%的有13家，占比16.67%；40%～60%的有24家，占比30.77%；20%～40%的有30家，占比38.46%；低于20%的有7家，占比8.97%。

审计抽样、分析性符合、计算机辅助技术3项主要审计技术均被运用的有51家，占比65.38%；有2项被运用的有27家，占比34.62%；1项被运用和3项均未被运用的0家。审计工作底稿内容完整、记录清晰、结论明确符合程度100%的有20家，25.64%符合程度90%的以上有49家，占比62.82%；80%以上的有6家，占比7.69%；70%以上的有3家，占比3.85%；低于70%的0家。审计报告的编制完全符合要素完备、意见准确、证据充分、内容合法等要求的有72家，占比92.31%；要素不完备的有4家，占比5.13%；意见不准确的有2家，占比2.56%。

从现场结束审计到出具报告天数10天以内有10家，占比12.82%；10~15天有33家，占比42.31%；15~20天有22家，占比28.21%；20~25天有8家，占比10.26%；25~30天合计5家，占比6.41%。后续审计执行率超过90%的有24家，占比30.77%；超过80%的有37家，占比47.44%；超过70%的有15家，占比19.23%；超过60%的有2家，占比2.56%。

综上所述，大部分企业审计事项的重要程度在60%~70%，这一比例偏低；审计计划的完成率较高，在80%以上；提供重要建议被采纳的比例集中在20%~60%。3项审计技术均有被广泛运用，工作底稿符合程度基本在90%以上，绝大部分的审计报告符合要求，出具报告的天数通常在10~20天，后续审计执行率基本在70%以上。

10.2.4 高管支持有效性评价分析

在被调查的78家企业中，高管层对内部审计的满意比例为80%。高管层对于内部审计的看法：8家企业认为是风险管理专家，占比10.26%；7家认为是管理审计专家，占比8.97%；39家认为是查错防弊能手，占比50%；24家认为是财务得力助手，占比30.77%。审计建议得到执行的比例：90%~100%的有7家，占比8.97%；80%~90%的有13家，占比16.67%；70%~80%的有12家，占比15.38%；60%~70%的有21家，占比26.92%；60%以下的有25家，占比32.05%。

对审计部门的投诉数少于2次/年的有57家，占比73.08%；2~3次/年20家，占比25.64%；4~5次/年有1家，占比1.28%。高管层提出审计要求的次数11~15次有15家，占比19.23%；6~10次有23家，占比29.49%；3~5次有37家，占比47.44%；3次以下有3家，占比3.85%。改进工作流程的次数20项以上有5家，占比6.41%，15~19项有9家，占比11.54%，10~14项有18家，占比23.08%，5~9项有40家，占比51.28%，0~4项以下有6家，占比7.69%。审计结果重复数0~3个有39家，占比50%；4~6个有26家，占比33.33%；7~9个有12家，占比15.38%；10~12个有1家，占比1.28%。

综上所述，大部分企业高管认为内部审计主要职能是查错防弊，仅有少数高管认为内部审计是风险管理专家。可见，内部审计的职能定位还没有上升到战略的高度。审计建议得到执行的比例偏低，提出审计要求的次数主要集中在3~5次，改进工作流程的次数大部分企业为5~9项，审计结果重复数0~3个占半数。

10.2.5 外部审计师有效性评价分析

在被调查的78家企业中，100%的外部审计师有利用内部审计的工作。对内部审计部门评价内部控制有效性的满意度情况如下：非常满意14家，占比17.95%；满意33家，占比42.31%；基本满意21家，占比26.92%；较不满意6家，占比7.69%；不满意4家，占比5.13%。对内部审计工作底稿的利用程度80%以上的有7家，占比8.97%；60%~80%的有16家，占比20.51%；50%~60%的有22家，占比28.21%；30%~50%的有24家，占比30.77%；30%以下的有9家，占比11.54%。与内部审计师交流次数10次以上的有28家，占比35.9%；7~9次有30家，占比38.46%；4~6次有20家，占比25.64%；3次及以下0家。内部审计减少外部审计的时间5天以上有14家，占比17.95%；4~5天有22家，占比28.21%；2~3天有19家，占比24.36%；1~2天有23家，占比29.49%；低于1天的有0家。

综上所述，大部分外部审计师对内部审计评价内部控制表示满意或者基本满意，对内部审计工作底稿的利用程度主要集中在30%~50%，与内部审计师交流的次数较多，通常在4次以上。内部审计减少外部审计的时间 1 ~ 5 天，分布比较均衡。

10.3　内部审计有效性综合得分

基于前书构建的内部审计有效性评价体系，以及一级指标的比重及各个二级指标的赋值，并根据问卷调查结果的数据统计，可以计算得出每家企业的内部审计有效性得分，分值越高在一定程度上表明该企业的内部审计有效性越高。下文先按企业性质分为国有企业、民营企业和外资企业三类进行分析，最后计算出综合得分。

1. 国有企业

国有企业共 16 家，全部设立了内部审计机构。

由表 10 - 6 可以看出，国有企业的内部审计组织模式能够保持较强的独立性，内部审计流程较为完善，但在内部审计人员、高管支持和外部审计师这三个维度需要加强。在内部审计人员方面，应多鼓励获取相关的职业资格证书，增加交流和培训的次数。对于高管支持，尚未将内部审计的职能定位上升到战略的高度，仅停留于查错防弊职能，且审计建议得到执行的比例偏低。对于外部审计师，应充分利用内部审计工作底稿，以缩短工作时间。

表 10 - 6　　国有企业一级指标得分情况

评价指标	得分	权重	得分 × 权重
一、内部审计组织模式	86	30%	25.8
二、内部审计人员	80	30%	24
三、内部审计流程	90	20%	18
四、高管支持	78	15%	11.7
五、外部审计师	76	5%	3.8
总分			83.3

2. 民营企业

民营企业共66家，剔除未设立内部审计机构的8家，剩余58家企业。

由表10－7可以看出，民营企业在内部审计组织模式、内部审计人员和外部审计师这三个维度亟须加强。对于内部审计组织模式，应在企业内部设立审计委员会，以强化内部审计的独立性；提高内部审计经理的学历水平，鼓励获取职业资格证书，聘任经验丰富的内部审计经理。对于内部审计人员，应鼓励获取职业资格证书，增加交流和培训的次数，丰富审计经验。对于外部审计师，应完善工作底稿，提高外审人员对内部审计工作底稿的利用率，尽可能减少外审人员的工作时间。

表10－7　　民营企业一级指标得分情况

评价指标	得分	权重	得分×权重
一、内部审计组织模式	64	30%	19.2
二、内部审计人员	70	30%	21
三、内部审计流程	76	20%	15.2
四、高管支持	74	15%	11.1
五、外部审计师	68	5%	3.4
总分			69.9

3. 外资企业

外资企业共4家，全部设立了内部审计机构。

由表10－8可以看出，外资企业的内部审计组织模式能够保持相对的独立性，内部审计人员配备较为合理，但在内部审计流程和外部审计师这两个维度需要加强。对于内部审计流程，应提升审计事项的重要程度和重要建议被管理层采纳的比例。对于外部审计师，应完善工作底稿，提高外审人员对内部审计工作底稿的利用率。

表 10－8　　外资企业一级指标得分情况

评价指标	得分	权重	得分×权重
一、内部审计组织模式	80	30%	24
二、内部审计人员	78	30%	23.4
三、内部审计流程	70	20%	14
四、高管支持	76	15%	11.4
五、外部审计师	72	5%	3.6
总分			76.4

从最后计算的总分来看，内部审计有效性国有企业优于外资企业、民营企业，民营企业的内部审计效用有待进一步提升。

4. 综合得分

在 78 家设立内部审计机构的企业中，内部审计有效性综合得分为 72.98 分，其中 90 分以上有 3 家企业，80～90 分有 18 家企业，70～80 分有 30 家，60～70 分有 23 家，60 分以下有 4 家。综合得分基本呈正态分布，大部分企业集中在 70～90 分，可见内部审计能够发挥一定的效用，但仍有许多方面需要改进完善（见表 10－9）。

表 10－9　　内部审计有效性评价得分

	90 分以上	80～90 分	70～80 分	60～70 分	60 分以下
数量	3	18	30	23	4
占比	3.85%	23.08%	38.46%	29.49%	5.13%

10.4　问题与建议

根据以上对 78 家已设立内部审计机构企业的调查来看，主要存在以下问题：（1）内部审计机构仍隶属于总经理，甚至是财务部门，其独立性难以保证；（2）内部审计经理和内部审计人员的从业门槛较低，学历、专业资格证书的持有，以及工作经验都有待进一步提升，内部审计人员素质与其职责存在较大的差距；（3）外部审计师对内部审计工作底稿的利用率较低。此外，内部审计有效性国有企业优于外资企业和民营企业，民营企业的内部审计效用有待进一步提升。

建议可以采取以下措施：（1）在企业内部设立审计委员会，内部审计机构直接隶属于审计委员会，以确保其独立性；（2）聘任高学历、审计经验丰富的内部审计经理，加强内部审计人员的专业培训，以提升专业技能；（3）完善内部审计工作底稿，提高工作底稿的利用率，减少外部审计师的工作时间。

第11章 研究结论与未来研究展望

本章首先对本书的主要研究结论予以总结，据以提出相关政策建议，而后分析本书的研究局限并指出未来可能的研究方向。

11.1 研究结论

本书以受托责任、公司治理、内部控制和管理有效性等理论为基础，运用比较分析等方法，结合新制度经济学的基本理论，立足我国的公司治理环境，分别从内部审计组织模式、内部审计人员、内部审计流程、高管支持和外部审计师评价等五个维度，考察了内部审计有效性影响主要因素，比较了内部审计质量、内部审计绩效和内部审计有效性三者的基本内涵和评价方法的异同点，在此基础上，构建了我国企业内部审计有效性评价的指标体系，并借助于内部控制有效性评价的有效与无效两种评价法，形成我国企业内部审计有效性的评价方法。

本书的主要结论如下：

（1）内部审计定义、内部审计目标和内部审计职能三者的巨大变迁，极大地影响内部审计有效性评价的内涵与外延。本书梳理了内部审计有效性的基本内涵，比较了内部审计质量与内部审计有效性两者的影响因素，提出以“价值创造”为基本标准，将“风险降低”作为“价值创造”标准下组成部分的内部审计有效性的评价标准。如此，既可保证“价值创造”所反映的内部审计的终极目标的实现，同时也反映内部审计通过规避风险来增加企业价值的本质属性。

本书在深入比较内部审计质量和内部审计绩效两种评价方法的基础上，提出内部审计有效性指标设计的基本思路，进而构建基于内部审计组织模式、内部审计人员、内部审计流程、高管支持和外部审计师支持五维度的内部审计有效性的基本框架，并分析了决定性和影响性两大指标分类对内部审计有效性评价的应用价值，确立了上述五维度的一级指标的占比，初步形成我国企业内部审计有效性评价的框架体系。同时，本书借鉴内部控制有效性评价的主要缺陷分析法，提出内部审计无效的若干判断标准，进而形成内部审计有效性另一评价方法，即内部审计无效评价法。

（2）我国上市公司内部审计制度比较健全，因此，本书首先以董事会或者最高管理层的领导和监督的模式为例，以内部审计独立性的理论为支撑，梳理出我国上市公司现行的内部审计机构设置及其隶属关系对内部审计有效性的影响，并以此为基础，构建出基于我国国情的企业内部审计组织模式的有效性评价指标体系和评价方法。在当前我国内部审计人员的独立性相对欠缺的情况下，本书以 IIA 和我国内部审计准则所建立评价体系为基础，构建由职业道德、执业技能体系和职业知识体系为支撑的内部审计人员专业胜任能力框架，进而形成较为完整的内部审计人员有效性评价的指标体系和评价方法。

（3）内部审计流程有效性评价的指标体系，目前尚不完善，借鉴内部审计流程绩效、内部审计质量等的评价指标，以及我国已经发布的内部审计质量评估手册等标准参考，本书立足于质量、时间等视角，围绕审计计划、审计工作底稿、审计事项、审计技术、审计报告、审计建议和后续审计等具体流程确定各项有效性评价指标的评价方法。内部审计有效性与高管支持密切相关，离开高管对内部审计工作的支持，内部审计有效性就无从谈起。本书认为，高管层对内部审计的投入和认可程度的高低，与内部审计有效性呈正相关的联系，同时，高管对内部审计的重视程度，以及对内部审计部门所提出的建议的采纳程度，都将直接影响到公司属下各中层管理部门对内部审计的重视和支持程度。目前我国企业高管对内部审计的支持正在逐步提升，但高管支持对内部审计有效性的评价指标有待进一步细化。

（4）外部审计师的专业性和独立性，能够对被审单位的内部审计活动作出更为客观的评价，而内部审计结果的可信性又为外部审计借助内部审计提高审计效率，减少审计摩擦提供支持。外部审计师对内部审计依赖的程度，主要根据被审计单位的内部审计环境和内部审计机构及其人员的专业胜任能力等加以确定。本书通过对内部审计部门评价内部控制有效性的满意度、对内部审计工作底稿的利用程度、与内部审计师交流的次数和内部审计减少外部审计的时间等若干关键指标，从另一个侧面反映内部审计有效性的高低。

11.2 启示及政策建议

结合以上的研究结论及我国的公司治理现状，本书提出如下建议：

（1）内部审计有效性评价必须基于内部审计目标和职能进行。内部审计的职能是其本质的要求和内在功能，为内部审计的目标服务。内部审计有效性直接体现为内部审计职能的发挥程度。无疑，通过考察内部审计职能的履行程度可对内部审计有效性加以评价。在今后相当长的一段时间内，我国仍将处于经济转轨时期，企业外部市场监督机制还不成熟，经营者与所有者之间以及高层管理者与下层经营者之间的代理问题仍然较为严重。内部审计应当首先加强对经营活动以及会计信息、内部控制的监督，防止企业的资产流失，防止重大舞弊。在此基础上，对经营活动以及内部控制制度的效率性、效果性作出评价，发现其中可以改进和优化的部分，建议并协助管理当局降低经营风险，提高经济效益。企业的利益相关者和管理当局应重视并强化内部审计的职能，从各方面积极支持内部审计工作，使内部审计融入公司治理，积极发挥其作为公司治理机制的一部分应有的作用。当前，我国内部审计的主要目标仍然是防弊兴利，内部审计有效性评价首先必须基于监督和评价职能加以展开，而其中尤以监督职能为重。而从发展的眼光看，则是要考察组织能否最大限度实施内部审计的独立、客观的鉴证和咨询活动，提高增加价值和改进经营内部水平的结果。

（2）科学设计内部审计有效性评价的方法和指标体系。首先，要厘清内部审计有效性与内部审计质量、内部审计绩效两者的本质区别，在此基础上，确立内部审计有效性的评价指标；其次，应进一步确定影响内部审计有效性的主要因素和每一个因素的权重，使内部审计有效性最终能够在最大程度上量化，而其量化的结果，无疑可为改善内部审计质量提供支持；最后，要合理构建基于平衡计分卡的内部审计有效性评价体系，探讨内部审计有效与无效的区别与联系，双管齐下，以求对企业内部审计有效性有一个客观的评价结果。

（3）提高内部审计机构的隶属层级，提升内部审计负责人和与内部审计人员的专业胜任能力。内部审计具有独立性，是使内部审计具有客观性、权威性及公正性的必要条件。目前，我国许多企业的内部审计机构或隶属于财务部门，或与纪检、监察合为一个常规部门，或受主管财务的副总经理领导，这样的内部审计机构独立性难以得到保证，职责权限受到一定的制约。当前，我国内部审计质量控制主要围绕内部审计机构和内部审计项目两者加以进行，而两者之中，尤以内部审计机构质量最为重要，虽然我国企业内部审计水平参差不齐，但其瓶颈问题仍在内部审计负责人和内部审计人员的专业胜任能力，为此，在评价内部审计有效性过程中，应当重视这两者的指标设置，以求逐步提升内部审计机构的质量水平。

11.3　研究的局限性及后续研究方向

11.3.1　研究的局限性

因受研究资源以及学识水平的限制，本书的研究仍存在一定的局限性，主要体现在：本书围绕内部审计组织模式、内部审计人员、内部审计流程、高管支持以及外部审计师评价 5 个方面对内部审计有效性进行考察，虽然涵盖范围较广，但难免挂一漏万，而其中的定量指标的设计可能有许多不尽合理之处，因而可能使本书的研究仅反映了我国企业内部审计有效性的部分特征。由于数据获取困难，样本量不够大，研究范围受限，因此本书可能难以反映我国企业内部审计治理状况的全貌，在一定程度上影响了研究结论的普遍意义。

11.3.2 后续研究展望

1. 关注内部审计环境的变化。

未来我国企业内部审计，必然随着我国经济快速发展而愈发重要，因此，研究我国企业内部审计有效性理论与评价方法也就成为重点与热点。对于公司而言，如何对其内部审计有效性加以客观评价，可能更为迫切。

健全公司组织结构，以保证公司的内部审计独立性，这对于增值型内部审计是否能顺利实现价值增值的目标起到关键的作用。目前，我国企业中内部审计的隶属关系比较复杂，因此，如何根据公司的不同情况，建立与其相适应的组织结构，以保证内部审计独立性不受影响，是今后较长时期内应当研究的问题。

内部审计的有效性关系到内部审计的生存与发展。在当前的内部审计研究中，内部审计有效性问题尚未获得应有的、足够的重视，这种状况正是造成目前内部审计有效性研究缓慢的原因。提高内部审计有效性，需要我们对其审计实务进行理性的思考和归纳总结，需要诸多实证研究的经验数据作为依据。同时，由于内部审计问题的研究在我国刚刚起步，研究视角和研究空间也较多；加上外界环境的不断变化又迫切需要对影响管理水平和经营业绩的因素进行深入的分析、客观评价和严密控制，这就要求内部审计部门审时度势，除了关注传统的财务数据的真实性和财务收支合规性的财务监督以外，还要拓展非财务领域的内容，如经济效益审计、内部控制系统的评价、经济责任审计、投资决策审计、经营战略风险审计等内容。这些都是今后需要致力关注与研究的重点问题。

当前，“互联网+”、大数据等信息技术的迅猛发展，人们对海量、高增长、多样化的大数据的挖掘和运用成为可能，这也给内部审计工作带来从审计理论到审计实践的根本变革。要求内部审计人员从审计的理念、审计的对象、审计的内容、审计的技术方法等方面都要作出相应的改变。同时，由于利用大数据可以在更大的范围、更多的维度上分析对比，从而找出这些数据的差异，来挖掘审计的线索，在此基础上进行重点核查，将大大提升内部审计工作的层次和水平，提高内部审计有效性。

另外，随着信息技术的快速发展，随着“互联网+”对公司的各个业务部门应用的深入，企业内控管理也已经由人工控制转向信息化控制。整体信息化建设可望有效推进企业内部控制，原有的“孤岛”化单一模块的内部控制与内部审计，无疑正在逐步走向无缝与无纸化的操作，风行全球的持续审计方法与技术正在纵深展开，这便要求内部审计人员的信息化水平应当与时俱进，否则，内部审计有效性的提升便可能受阻。然而，内部审计人员需要掌握多少信息知识技术为好，则是一个值得探讨的问题，IIA准则指出：“内部审计师应该掌握关键的信息技术风险和控制知识，还需要运用适当的计算机审计技术来完成分配给他们的工作。然而，并非所有的内部审计师都要像公司信息技术审计的内部审计师那样精通信息技术知识。”目前，我国大多数公司的内部审计信息化水平还仅处于以审计项目管理软件和现场审计作业系统为主的应用阶段，面对这一现实，面对不可回避的公司信息系统审计，未来必须着力研究我国内部审计人员应掌握的信息技术程度。

2. 内部审计有效性评价指标的拓展和延伸

内部审计有效性的评价指标体系并非一成不变。早在2003年9

月，IIA 总部前执行副主席理查德·钱伯斯先生（Richard F. Chambers）在北京举办的国际内部审计高级研讨班演讲中揭示国际内部审计发展的三大发展趋势：一是重新介入内部控制；二是推动更有效的公司治理；三是对内部审计师的期望在改变。随着不同时期内部审计的目标的改变，各阶段的发展趋势也亦步亦趋，由此，也就决定内部审计有效性的评价指标不可能一成不变。客观地说，内部审计有效性的衡量与评价应当是一个动态过程，它随着内部审计的不同时期所提出的目标的改变而改变。随着内部审计人员面临更加严峻的独立性问题，面临风险管理和内部控制中更大不确定性的审计风险问题，以及日益发展的信息化技术不断对传统审计提出新的挑战等问题的出现，迫使我们不能不紧密结合不同时期内部审计的目标及发展方向，以评判各时期组织的内部审计有效性。

内部审计人员基本素质直接关系到内部审计有效性水平，美国劳动统计局预计在未来 10 年中，审计人员的职业发展要高于整体就业收入水平。然而，这一工作需要的是高素质审计人员，IIA 秘书长兼总裁理查德·钱伯斯根据多年从事内部审计的经验和对其他内部审计人员的观察，提出五个适合从事内部审计职业的标志，即具备批判性思维能力、天生富有好奇心和怀疑精神、非常擅长建立和维持关系、喜爱所提的改进建议而给被审单位带来改变，以及擅长写作。有鉴于此，内部审计人员有效性评价指标也就要随之产生一系列变更。

3. 内部审计有效性评价方法的变革。

不论是外部评价还是内部评价，评价内部审计的有效性都面临许多困难。由于内部审计部门是一个费用中心，而不是一个利润中心。因此，评价内部审计有效性就可能遇到定性与定量指标的确定、审计成本计量不确定性等问题。

在我们构建内部审计实施财务审计创新的同时，应当充分考虑互联网环境的影响，同时，积极采用先进的信息技术实施内部审计，在对智能系统所产生的账簿、报表等再生信息实施必要审计程序之际，将审计重心前移至电子原始凭证之上，以最大限度地避免审计风险。随着互联网、大数据在企业的深入应用，内部审计有效性评价所采用的方法也需要与时俱进，面对纷繁复杂的海量数据，内部审计人员需要熟练掌握数据分析这一基本技能，关注公司信息系统的货币与非货币、财务与非财务、定量与定性的各种数据，整合智能系统下的内部审计有效性评价的最基本要素，建立内部审计有效性评价的基本模型，实施企业内部审计有效性的客观评价，这不仅需要审计人员提高信息技术的应用能力，同时更需要提升内部审计人员的科学思维和灵活的应变能力。

《IIA 质量评估手册（第六版）》是适应最新发布的《国际内部审计专业实务标准》、内部审计职业的变革以及对内部审计需求日益增长的业务环境发布的，毋庸置疑，我国企业内部审计质量评估与 IIA 的评估手册的规范仍有一定的距离，因此，我国企业内部审计有效性的评价方法与指标体系，应当以此为基础，并立足于我国国情，根据我国内部审计基本准则，逐步加以改进。

附录　我国企业内部审计有效性调查问卷

1. 企业的性质是（　　）

A. 国有企业　　B. 民营企业　　C. 外资企业

2. 企业是否设立内部审计机构（　　）

A. 是　　B. 否

3. 内部审计机构的人数为（　　）

A. 3人以下　　B. 3~5人　　C. 6~10人　　D. 10人以上

4. 内部审计的职能定位是（　　）

A. 监督、评价和咨询职能　　B. 监督和评价职能

C. 监督职能　　D. 具有监督职能、但执行软弱

5. 内部审计机构的隶属于（　　）

A. 董事会和总经理　　B. 审计委员会

C. 监事会　　D. 总经理

E. 财会部门

6. 内部审计制度是否完善？（　　）

A. 完善　　B. 较为完善，但尚有欠缺

C. 不完善　　D. 形同虚设

E. 未设立内部审计规章制度

7. 内部审计经理的学历水平为（　　）

A. 博士学位　　B. 硕士学位　　C. 学士学位　　D. 大专

E. 其他

8. 内部审计经理的职业资格是（　　）

A. 具有国际注册内部审计师（CIA）、中国注册会计师CPA、高级审计师

B. 英国特许公认会计师（ACCA）、内部控制自我评估师（CCSA）、审计师

C. 注册舞弊检查师（CFE）、注册管理会计师（CMA）

D. 经济管理类其他中级职称

E. 内部审计岗位资格证书

9. 内部审计经理的工作年限为（　　）

A. 20 年以上　B. 15~20 年　C. 10~15 年　D. 5~10 年

E. 3~5 年

10. 内部审计经理与董事会、高管层或财会部门的会谈次数（　　）

A. 2 次以上/季　B. 2 次/季　C. 1 次/季　D. 1 次/半年

E. 1 次/1 年

11. 内审人员是否遵循职业道德?（　　）

A. 遵守　B. 不遵守

12. 内审人员的学历本科及以上学历的占比为（　　）

A. 80% 以上　B. 70% 以上　C. 60% 以上　D. 50% 以上

E. 50% 以下

13. 内审人员的专业技术职称中级及以上职称的占比为（　　）

A. 80% 以上　B. 70% 以上　C. 60% 以上　D. 50% 以上

E. 50% 以下

14. 内审人员的职业资格情况是（　　）

A. 持有国际注册内部审计师（CIA）、中国注册会计师 CPA、英国特许公认会计师（ACCA）证书占比在 50% 以上

B. 持有内部控制自我评估师（CCSA），注册舞弊检查师（CFE）、注册管理会计师（CMA）证书在 50% 以上

C. 持有内部审计岗位资格证书在 50% 以上

D. 持有内部审计岗位资格证书在 30%~50%

E. 持有内部审计岗位资格证书在 30% 以下

15. 内审人员每年人均参加交流和培训次数（　　）

A. 8 次以上　B. 6 次以上　C. 4 次以上　B. 2 次以上

D. 1 次

16. 内审人员审计经验的平均年限（　　）

A. 人均超过 10 年　B. 人均 5 ~ 10 年

C. 人均 3 ~ 5 年　D. 人均 2 ~ 3 年

E. 人均 2 年以下

17. 内审人员持有审计信息化操作认证的占比为（　　）

A. 超过 80%　B. 70% ~ 80%　C. 60% ~ 70%　D. 50% ~ 60%

E. 低于 50%

18. 内部审计流程是否规范（　　）

A. 合格　B. 不合格

19. 审计事项的重要程度为（　　）

A. 超过 90%　B. 80% ~ 90%　C. 70% ~ 80%　D. 60% ~ 70%

E. 低于 60%

20. 审计计划完成的比例为（　　）

A. 超过 90%　B. 80% ~ 90%　C. 70% ~ 80%　D. 60% ~ 70%

E. 低于 60%

21. 提供重要建议被管理层采纳的比例为（　　）

A. 超过 80%　B. 60% ~ 80%　C. 40% ~ 60%　D. 20% ~ 40%

E. 低于 20%

22. 审计抽样、分析性复核程序、计算机辅助技术 3 项主要审计技术的运用程度（　　）

A. 3 项均被运用　B. 有 2 项被运用

C. 只有 1 项被运用　D. 3 项均未被运用

23. 审计工作底稿内容完整、记录清晰、结论明确的符合程度占比（　　）

A. 100%　B. 90% 以上　C. 80% 以上　D. 70% 以上

E. 低于 70%

24. 审计报告的编制是否符合要素完备、意见准确、证据充分、内容合法等要求（　　）

A. 完全符合要求　　B. 证据不充分

C. 要素不完备　　D. 意见不准确

E. 不满足两项以上要求

25. 从现场结束审计到出具报告的天数为（　　）

A. 10 天以内　B. 10 ~ 15 天　C. 15 ~ 20 天　D. 20 ~ 25 天

E. 25 ~ 30 天

26. 后续审计执行率（　　）

A. 超过 90%　B. 超过 80%　C. 超过 70%　D. 超过 60%

E. 低于 60%

27. 高管层对内部审计的满意程度（　　）

A. 满意　　B. 不满意

28. 高管层关于内部审计角色的看法（　　）

A. 风险管理专家　　B. 管理审计专家

C. 查错防弊能手　　D. 财务得力助手

E. 其他

29. 审计建议得到执行的比例为（　　）

A. 90% ~ 100%　B. 80% ~ 90%　C. 70% ~ 80%　D. 60% ~ 70%

E. 60% 以下

30. 对审计部门的投诉数量为（　　）

A. 少于 2 次/年　　B. 2 ~ 3 次/年

C. 4 ~ 5 次/年　　D. 6 ~ 7 次/年

E. 大于 7 次

31. 高管层提出审计要求的次数为（　　）

A. 16 次以上　B. 11 ~ 15 次　C. 6 ~ 10 次　D. 3 ~ 5 次

E. 3 次以下

32. 改进工作流程的次数为（　　）

A. 20 项以上　B. 15 ~ 19 项　C. 10 ~ 14 项　D. 5 ~ 9 项　E. 0 ~ 4 项

33. 审计结果重复数为（　　）

A. 0 ~ 3 个　B. 4 ~ 6 个　C. 7 ~ 9 个　D. 10 ~ 12 个　E. 13 个及以上

34. 外部审计师是否利用内部审计工作（　　）

A. 是　B. 否

35. 对内部审计部门评价内部控制有效性的满意度（　　）

A. 非常满意　B. 满意　C. 基本满意　D. 较不满意　E. 不满意

36. 对内部审计工作底稿的利用程度为（　　）

A. 80% 以上　B. 60% ~ 80%　C. 50% ~ 60%　D. 30% ~ 50%　E. 30% 以下

37. 与内部审计师交流的次数为（　　）

A. 10 次以上　B. 7 ~ 9 次　C. 4 ~ 6 次　D. 2 ~ 3 次　E. 少于 2 次

38. 内部审计减少外部审计的时间为（　　）

A. 5 天以上　B. 4 ~ 5 天　C. 2 ~ 3 天　D. 1 ~ 2 天　E. 低于 1 天

参考文献

[1] 安广实，程月晴. 基于绩效棱柱法的增值型内部审计业绩评价指标体系构建 [J]. 吉林工商学院学报，2015 (6).

[2] 北京国家会计学院审计与风险管理研究所. 2013年度中国企业内部审计行业调研报告——一项基于问卷调查的分析 [Z]. 2013 (12).

[3] 蔡春. 论内部审计的功能、目标及其实现条件 [J]. 审计研究，1996 (1).

[4] 蔡春，车宣呈，陈孝等. 现代审计功能拓展论 [M]. 北京：中国时代经济出版社，2006.

[5] 蔡春，蔡利. 内部审计质量与盈余管理——来自中国A股制造业上市公司的经验证据 [J]. 上海立信会计学院学报，2009 (6).

[6] 蔡春，蔡利，田秋蓉. 内部审计功能与公司价值 [J]. 中国会计评论，2011 (3).

[7] 蔡春，谢柳芳，马可哪呐. 高管审计背景、盈余管理与异常审计收费 [J]. 财经研究，2015 (3).

[8] 曹若霈. 基于平衡计分卡评价法的内部审计质量评价新体系构建 [J]. 中国内部审计，2014 (1).

[9] 陈继初. 上市公司盈余管理与内部审计的相关性研究 [J]. 中央财经大学学报，2010 (6).

[10] 陈佳俊，贺颖奇. 中国内部审计人员专业胜任能力框架研

究［J］. 经济与管理研究，2009（11）.

［11］陈武朝. 内部审计有效性与持续改进［J］. 审计研究，2010（3）.

［12］陈翔. 我国集团公司内部审计有效性的研究［D］. 东南大学，2005（3）.

［13］陈艳利，刘英明. 基于公司治理的内部审计问题研究［J］. 审计研究，2004（5）.

［14］陈莹，林斌等. 内部审计、治理机制互动与公司价值——基于上市公司问卷调查数据的研究［J］. 审计研究，2016（1）.

［15］段亚楠. 国有企业内部审计人员专业胜任能力研究［D］. 南京审计大学硕士学位论文，2019.

［16］范经华. 基于平衡计分卡的内部审计质量控制评价指标体系探讨［J］. 审计研究，2013（2）.

［17］丰世林，黄忠全，张根保，代红梅，王恕德. 基于质量管理体系运行有效性的评价指标体系研究［J］. 组合机床与自动化加工技术，2004（5）.

［18］冯均科. 内部审计动因初探［J］. 当代财经，1996（12）.

［19］冯均科. 内部审计发展边缘化还是回归［J］. 审计研究，2013（2）.

［20］冯务中. 制度有效性理论论纲［J］. 理论与改革，2005（5）.

［21］冯阳. 浅析大数据时代高管行为对会计信息披露质量的影响及相关建议［J］. 财务与会计，2016（9）.

［22］冯英浚，王大伟，丁文桓，任柏明. 绩效管理与管理有效性［J］. 中国软科学，2003（4）.

［23］傅黎瑛. 企业内部审计与外部审计趋同研究［M］. 大连：东北财经大学出版社，2007.

［24］盖骁敏，王忠杰. 内部审计的有效性与管理者舞弊行为分

析——一个基于不完全合同理论的模型［J］. 财政研究，2010（6）.

［25］高伟正，冯英浚. 管理有效性理论及其可测性研究［J］. 哈尔滨工业大学学报（社会科学版），2007（5）.

［26］高伟正. 我国上市公司管理有效性评价研究［D］. 哈尔滨工业大学，2007.

［27］高岩芳，苍乐. 基于平衡计分卡的内部审计质量评价模式探析［J］. 中国管理信息化，2013（3）.

［28］龚光明，王京京. 财务专家型独立董事能有效抑制盈余管理吗？——来自深市 2003－2011 年的经验证据［J］. 华东经济管理，2013（12）.

［29］郭慧. 上市公司内部审计治理效应研究——来自中国证券主板市场的经验证据［D］. 暨南大学，2009.

［30］韩朝莉. 基于企业战略的内部审计绩效评价体系研究［D］. 南京理工大学，2007（6）.

［31］韩传模. 内部审计质量管理的探索与实践——全国内部审计质量管理理论研讨论文综述［J］. 中国内部审计，2013（1）.

［32］韩晓梅. 企业内部审计绩效研究［M］. 大连：东北财经大学出版社，2009.

［33］何玉润，闫丽娟. 企业内部审计质量影响因素的调查与分析［J］. 财务与会计，2016（11）.

［34］贺雪霞，李明辉. 对风险导向内部审计内涵的探讨［J］. 财会通讯，2019（9）.

［35］黄国成，张庆龙. 内部审计绩效评价研究综述［J］. 中国内部审计，2011（5）.

［36］黄剧杰，施建军，陈艳娇. 外部审计师评价内部审计工作研究评述［J］. 中国注册会计师，2010（8）.

［37］黄乔语，时现. 国际内部审计现状与发展启示——基于 IIA“2010 全球内部审计调查”实证数据的视角［J］. 中国内部审

计，2014（12）.

［38］黄卫伟．基于流程的绩效度量体系设计方法论［J］．经济理论与经济管理，2003（7）.

［39］蒋伟．上市公司改成有效性评价研究［J］．中国高新技术企业，2015（25）.

［40］柯金秀．内部审计质量评价体系研究［D］．西南财经大学，2011（3）.

［41］李红．内部审计失效问题初探［J］．现代审计与经济，2010（4）.

［42］李丽军．中小板上市公司内部审计有效性的研究［D］．重庆理工大学，2014（3）.

［43］李曼．企业内部审计：动因、行为与绩效研究［D］．南京大学，2013.

［44］李曼．高管态度、政府监管与内部审计——基于计划行为理论的研究［J］．审计研究，2014（2）.

［45］李明辉．内部审计的独立性——基于内审机构报告关系的探讨［J］．审计研究，2009（1）.

［46］李沐遥．上市公司内部审计负责人的特征与胜任能力——基于深交所中小板上市公司聘任公告的研究［J］．经济与管理，2018（6）.

［47］李乾文，李昆．中国民营企业内部审计发展研究报告［M］．北京：经济科学出版社，2015.

［48］李维安．中国公司治理原则与国际比较［M］．中国财政经济出版社，2001.

［49］李兆华，温锦．基于BSC的企业内部审计有效性评价体系设计［J］．中国农业会计，2014（7）.

［50］林毅夫，李周．现代企业制度的内涵与国有企业改革方向［J］．经济研究，1997（3）.

[51] 刘飚，蔡淑琴，郑双怡．业务流程评价指标体系研究[J]．华中科技大学学报（自然科学版），2005（4）．

[52] 刘昶，李治堂．内部审计质量评价体系构建研究[J]．商业会计，2018（7）．

[53] 刘凤红．充分利用内部审计，提高外部审计效率[J]．现代财经，1997（4）．

[54] 刘会永，孟洛明．传送网运行有效性评价模型[J]．北京邮电大学学报，2006（8）．

[55] 刘启亮．我国上市公司内部审计部门的独立性分析[J]．中国内部审计，2012（7）．

[56] 刘星，代彬，郝颖．高管权力与公司治理效率——基于国有上市公司高管变更的视角[J]．管理工程学报，2012（1）．

[57] 刘焱，姚海鑫．高管权力、审计委员会专业性与内部控制缺陷[J]．南开管理评论，2014（2）．

[58] 卢馨，李慧敏，陈烁辉．高管背景特征与财务舞弊行为的研究——基于中国上市公司的经验数据[J]．审计与经济研究，2015（6）．

[59] 罗红霞．公司治理、投资效率与财务绩效度量及其关系[D]．吉林大学，2014.

[60] 罗艳梅，程新生．双重委托代理关系下内部审计治理有效性研究－基于角色冲突的视角[J]．审计研究，2013（2）．

[61] 马思．基于绩效棱柱模型的A公司内部审计绩效评价优化研究[D]．重庆理工学院，2017（3）．

[62] 毛新述．高管团队及其权力分布研究：文献回顾与未来展望[J]．财务研究，2016（2）．

[63] 梅瑞琪．中德内部审计准则下的质量评估体系比较[J]．中国内部审计，2014（2）．

[64] 梅文瑜．对CWB内部审计有效性的研究[D]．华中科技

大学，2017（11）.

［65］孟志华，余瀚，李璇．公司治理视角下的内部审计质量实证研究——以甘肃省上市公司为例［J］．吉林工商学院学报，2016（12）.

［66］聂新军，张立民．审计效率、审计效果与审计业务流程再造［J］．现代管理科学，2008（8）.

［67］聂兴凯，张庆龙．内部审计绩效的内部影响因素分析［J］．中国内部审计，2011（3）.

［68］牛磊．中小板上市公司内审机构特征对内部审计有效性的影响研究［D］．东北农业大学，2016（6）.

［69］彭友华．管理有效性新探［J］．生产力研究，2009（18）.

［70］邱国峰，缪颖霞．内部审计质量评价体系的建构［J］．中国内部审计，2018（2）.

［71］邱实．我国制造业上市公司管理有效性的测评——基于2008—2010年制造业实证数据的检验［J］．长沙大学学报，2012（7）.

［72］屈耀辉，时现，剧杰．国际内部审计师协会与中国内部审计协会外部质量评估比较——以对两家中国公司内部审计质量评估为例［J］．中国内部审计，2013（6）.

［73］屈耀辉，郑石桥，章之旺．内部审计人员胜任能力框架研究现状及其分析［J］．中国内部审计，2011（8）.

［74］屈耀辉．ISO26000与内部审计目标重释［J］．中国内部审计，2012（6）.

［75］权小锋，吴世农．CEO权力强度、信息披露质量与公司业绩的波动性：基于深交所上市公司的实证研究［J］．南开管理评论，2010（4）.

［76］闫学文，刘澄等．基于价值导向的内部审计评价体系研究理论、模型及应用［J］．审计研究，2013（1）.

[77] 石恒贵. 内部审计在公司治理中的作用机理与实证研究 [D]. 重庆大学, 2010.

[78] 时现. 现代企业内部审计的治理功能透视 [J]. 审计研究, 2003 (4).

[79] 时现, 毛勇, 易仁萍. 国内外企业内部审计发展状况之比较——基于调查问卷分析 [J]. 审计研究, 2008 (6).

[80] 时现等. 内部审计学 [M]. 北京: 中国时代经济出版社, 2009.

[81] 时现. 不均衡性 我国内部审计发展的显著特征——基于内部审计调查的结果 [J]. 中国内部审计, 2011 (1).

[82] 史宁安, 叶鹏飞, 胡友良. 审计质量之用户 (顾客) 满意论 [J]. 审计研究, 2006 (1).

[83] 史元, 牛磊. 内审机构特征对内部审计有效性影响研究——基于中小板上市公司经验数据 [J]. 财会通讯, 2017 (7).

[84] 孙立. 内部审计独立性国际比较研究 [J]. 财会通讯 (学术版), 2007 (6).

[85] 孙晓光, 钟婷. 内部审计质量与审计意见相关性研究——来自上市公司的经验证据 [J]. 财会通讯, 2012 (9).

[86] 陶萍, 陈涛. 基于管理有效性的上市公司绩效评价研究 [J]. 中国软科学增刊 (下), 2009 (S2).

[87] 田全有. 体系运行有效性的探讨 [J]. 冶金标准化与质量, 2007 (1).

[88] 田晓红. 内部审计质量控制要素实证研究 [J]. 经济问题, 2010 (6).

[89] 王兵, 陈运佳, 王美玉. 上市公司内部审计负责人信息披露情况研究 [J]. 中国内部审计, 2013 (2).

[90] 王兵, 陈运佳, 孙小杰. 内部审计负责人特征与公司盈余质量关系研究 [J]. 审计研究, 2014 (3).

[91] 王兵，吴清风，王倩倩．内部审计良好实务研究——基于问卷调查的证据 [J]．中国内部审计，2017 (1).

[92] 王兵，张丽琴．内部审计特征与内部控制质量研究 [J]．南京审计学院学报，2015 (1).

[93] 王春兰．内部审计业绩评价体系的构建与应用 [J]．中国管理信息化，2007 (9).

[94] 王芳．高管团队特征与上市公司内部审计质量——基于高层梯队理论的实证研究 [J]．中国管理信息化，2016 (9).

[95] 王光远．内部审计业绩的评价基础和评价方式 [J]．财会月刊（会计)，2002 (8).

[96] 王光远．中国内部审计准则纲要（上） [J]．财会通讯（综合)，2005 (7).

[97] 王光远，瞿曲．公司治理中的内部审计 [J]．审计研究，2006 (2).

[98] 王光远．现代内部审计十大理念 [J]．审计研究，2007 (2).

[99] 王丽蓓．公司治理环境对内部审计有效性影响研究 [D]．石河子大学，2014 (6).

[100] 王玲．内部审计有效性评价标准的建立 [J]．对外经贸，2014 (5).

[101] 王守海，杨亚军．内部审计质量与审计费用研究——基于中国上市公司的证据 [J]．审计研究，2009 (5).

[102] 王素梅，郑石桥．内部审计目标：理论框架和例证分析 [J]．会计之友，2017 (4).

[103] 王彤．MBO 理论与内部审计目标管理构建 [J]．中国内部审计，2012 (6).

[104] 王霞，薛跃，于学强．CFO 的背景特征与会计信息质量——基于中国财务重述公司的经验证据 [J]．财经研究，2004 (9).

[105] 王长山，窦红娟，韩秀珍．关于内部审计质量控制的思考［J］．中国内部审计，2012 (12)．

[106] 王智玉，夏涛．以色列评价内部审计有效性的方法［J］．审计研究，1997 (6)．

[107] 魏昌东．中国企业内部审计法律制度：定位缺陷与完善对策［J］．学海，2010 (2)．

[108] 吴国萍，刘怡芳．上市公司内部审计对内部控制有效性影响的实证分析——基于吉林省的调查研究［J］．中国内部审计，2016 (7)．

[109] 吴水澎．中国会计理论研究［M］．北京：中国财政经济出版社，2000.

[110] 吴筱影，王兵，王铭浩．内部审计负责人职责要求的比较与启示［J］．中国内部审计，2014 (3)．

[111] 吴镇启，李淳惠．内部审计绩效评价体系的构建初探［J］．商业会计，2015 (3)．

[112] 夏鸿义，李永壮，张倩颖，张德环．内部审计质量、公司规模与公司绩效——基于上市公司面板数据的实证研究［J］．中央财经大学学报，2016 (6)．

[113] 谢志华，陶玉侠．内部审计质量及其特征因素对外部审计费用的影响——来自深市主板的经验证据［J］．东南大学学报，2015 (3)．

[114] 徐菁菁等译．国际内部审计概览（二）——来自于IIA知识共同体 2006 年内部审计调查报告［J］．中国内部审计，2008 (3)．

[115] 徐静．高管层权力强度、其他大股东制衡和在职消费——以中国房地产上市公司为例［J］．软科学，2013 (4)．

[116] 徐良果，王勇军，汪丽．管理层权力与信息披露质量关系的实证研究［J］．西藏大学学报（社会科学版），2012 (12)．

[117] 徐小燕. 内部审计绩效综合评价体系研究 [D]. 陕西科技大学, 2013 (5).

[118] 徐政旦, 朱荣恩. 现代内部审计学 [M]. 中国时代经济出版社, 1997.

[119] 薛茜文. 基于风险导向的企业内部审计业务流程优化研究 [D]. 南京审计学院, 2014 (12).

[120] 严晖. 风险导向内部审计整合框架研究 [M]. 北京: 中国财政经济出版社, 2004.

[121] 杨时展. 审计的发生和发展 [J]. 财会通讯, 1986 (4).

[122] 杨雄胜. 内部控制范畴定义探索 [J]. 会计研究, 2011 (8).

[123] 叶陈刚, 郑洪涛. 公司内部审计 [M]. 北京: 机械工业出版社, 2009.

[124] 张惠琴. 我国企业内部审计人员优化配置研究 [J]. 甘肃科技纵横, 2009 (6).

[125] 张娟, 张庆龙. 论内部审计专业胜任能力结构模型与需求 [J]. 会计之友, 2010 (7) 上.

[126] 张力军, 许玉健. 内部审计质量研究述评 [J]. 会计之友, 2015 (24).

[127] 张立民, 聂新军. 转型社会政府审计战略定位: 一个分析框架 [J]. 当代财经, 2007 (4).

[128] 张树帆. 基于系统观的 BPR 思想分析 [J]. 合肥工业大学学报 (社会科学版) (增刊), 1999 (9).

[129] 张旺峰. 内部控制有效性与审计定价研究 [D]. 华中科技大学, 2011 (10).

[130] 张先治. 基于内部控制的内部审计理念转变 [J]. 财务与会计, 2010 (12).

[131] 张玉. 后安然时代国际内部审计发展趋势综述 [J]. 审计

研究，2005（5）.

[132] 张玉.IIA提出国际内部审计三大发展趋势[J]. 中国内部审计，2005（5）.

[133] 张兆国，张旺峰，杨清香. 目标导向下的内部控制评价体系构建及实证检验[J]. 南开管理评论，2011（1）.

[134] 赵保卿. 企业内部审计质量控制探讨[J]. 审计与经济研究，2001（1）.

[135] 郑石桥. 内部审计业务类型及其差异化原因：一个理论框架[J]. 会计之友，2011（6）（下）.

[136] 郑石桥. 内部审计领导体制：理论框架和例证分析[J]. 会计之友，2017（8）.

[137] 郑石桥. 内部审计权威性：理论框架和例证分析[J]. 会计之友，2017（11）.

[138] 郑伟，徐萌萌，戚广武. 内部审计质量与控制活动有效性研究——基于内部审计与内部控制的耦合关系及沪市上市公司经验证据[J]. 审计研究，2014（6）.

[139] 曾繁荣. 内部审计人员最需具备的七项技能：来自国际内部审计师协会知识共同体组织（CBOK）的第三次全球调查子报告[J]. 中国内部审计，2016（7）.

[140] 曾智媛. 风险导向内部审计的目标选择与实现[J]. 经济师，2009（2）.

[141]【俄】阿列克谢·索宁，叶莲娜·哈巴多娃.2017年俄罗斯内部审计研究现状和发展趋势[J]. 张晓瑜译. 中国内部审计，2018（4）.

[142]【美】安德鲁·贝利等. 内部审计思想[M]. 王光远等译. 北京：中国时代经济出版社，2006.

[143]【美】安德鲁·钱伯斯等. 内部审计[M]. 陈华等译. 北京：中国财政经济出版社，1995.

[144]【美】戴维·克瓦奇克. 现代经营审计 [M]. 项俊波等译. 北京: 中国商业出版社, 1991.

[145]【美】劳伦斯·索耶等. 现代内部审计实务 [M]. 邰先宇等译. 北京: 中国财政经济出版社, 2005.

[146]【美】理查德·钱伯斯等. 培养内部审计人员软技能 [J]. 夏青编译. 中国内部审计, 2013 (7).

[147]【美】理查德·钱伯斯. 五个适合从事内部审计职业的标志 [J]. 肖竟编译. 中国内部审计, 2014 (8).

[148]【美】苏珊·斯维茨尔. 后萨奥时代的内部审计报告 [M]. 王光远译. 北京: 中国时代经济出版社, 2008.

[149] Aaron Cohen, Gabriel Sayag. The Effectiveness of Internal Auditing: An Empirical Examination of its Determinants in Israeli Organisations [J]. Australian Accounting Review, 2010, 10 (3).

[150] Abbott LJ. Parker S. Peters GF. Audit Committee Characteristics and Restatements [J]. Auditing: A Journal of Practiced Theory, 2004 (23).

[151] Abbott, L. J., Daugherty, B., Parker, S., Peters, G. F. Internal Audit Quality and Financial Reporting Quality: The Joint Importance of Independence and Competence [J]. Journal of Accounting Research, 2016, 54 (1).

[152] Abdel - khalik, A. R. D. Snowball, and J. H. Wragge. The Effects of Certain Internal Audit Variables on the Planning of External Audit Programs [J]. The Accounting Review, 1983 (April).

[153] Abdulaziz Alzeban. The Impact of Culture on the Quality of Internal Audit: An Empirical Study [J]. Journal of Accounting, Auditing & Finance, 2015 (30).

[154] Abdulaziz Alzebana, David, Gwilliamb. Factors affecting the Internal Audit Effectiveness: A Survey of the Saudi Public Sector [J].

Journal of International Accounting, Auditing and Taxation, 2014 (23).

[155] Adams, R., Almeida, H., Ferreira, D.. Powerful CEOs and Their Impact on Corporate Performance [J]. Review of Financial Studies, 2005 (18).

[156] Ahmad Feizizadeh. Strengthening Internal Audit Effectiveness [J]. Indian Journal of Science and Technology, 2012 (5).

[157] Albert L. Nagy, William J. Cenker. An Assessment of the Newly Defined Internal Audit Function [J]. Management Auditing Journal, 2002 (3): 130 – 137.

[158] AL – Twaijry, Abdulrahman A. M., Brierley, John A. and Gwilliam D. R. The Development of Internal Audit in Saudi Arabia: An Institutional Theory Perspective [J]. Critical Perspectives on Accounting, 2003 (5).

[159] Anderson, Urton, M. Christ, K. Johnstone, and L. Rittenberg, A post – SOX Examination of Factors Associated with the Size of Internal Audit Functions [J]. Accounting Horizons 2012 (2).

[160] Arena. M., G Azzone. Identifying Organizational Drivers of Internal Audit Effectiveness [J]. International Journal of Auditing, 2009 (13).

[161] B Al – Najjar, The Determinants of Audi Committee Independence and Activity: Evidence from the UK [J]. International Journal of Auditing, 2011 (15).

[162] Baker, N. So Ware Trend Spotting [J]. e Internal Auditor, 2009 (6).

[163] Beasley, Mark S., Richard Clune, Dana R. Hermanson. ERM: a Status Report [R] http: // www . theiia. org, 2005.

[164] Beasley M, An.. A Empirical Analysis of the Relation between the Board of Director Composition and Financial Statement Fraud

[J]. The Accounting Review, 1996, 71 (4).

[165] Beasley. Fraudulent Financial Reporting: Consideration Governance Mechanisms [J]. Accounting Horizons, 2000 (4).

[166] Brown, P. R. Independent Auditor Judgment in the Evaluation of Internal Audit Functions [J]. Journal of Accounting Research. 1983.

[167] Campfield W. L. An Approach to Formulation of Professional Standards for Internal Auditors [J]. The Accounting Review, 1960, 35 (3).

[168] Carcello, Hermanson. Raghunandan. American Institute of Certified Public Accountants (AICPA). Statement on Auditing Standards No. 65: The Auditor' s Consideration of theInternal Audit Function in an Audit of Financial Statements [R]. 2002.

[169] Chambers A. The Board Black Hole – filling their Assurance Vacuum: Can Internal Audit rise to the Challenge? [J]. Measuring Business Eecellence, 2008, 12 (1).

[170] Cindy E. Comas. Audit Customer Satisfaction : Making Added Value [M]. Florida: The Institute of Internal Auditors, 1996.

[171] Clark, M. E. E. Gibbs. and R. G Schroeder. Evaluating Internal Audit Departments under SAS No. 9: Criteria for Judging Competence, Objectivity, and Performance [J]. The Woman CPA. 1980.

[172] Corama P. , C. Fergusona and R. Moroney. Internal Audit, Alternative Internal Audit Structures and the Level of Misappropriation of Assets Fraud [J]. Accounting and Finance, 2008 (28).

[173] Cristina BOŢA – AVRAM, Ioan POPA, Cristina ŞTEFĂNESCU. Methods of Measuring the Perfomance of Internal Audit [J]. The Annals of the "Ştefancel Mare" University of Suceava, Fascicle of the Faculty of Economics and Public Administration, 2010 (10).

[174] Dana R. Hermanson, Larry E. Rittenberg. Internal Audit And

Organization Governance. The Institute of InternalAuditor Research Foundation, 2003.

[175] David McNamee, Georges Selim. . The Next Step in Risk Management - risk - based Auditing [J]. Internal Auditor, June, 1999.

[176] DeAngelo, L., Auditor Size and Audit Quality [J]. Journal of Accounting and Economics (December), 1981.

[177] Delroy Chevers, Devon Lawrence, Arlene Laidlaw, Dane Nicholson. The Effectiveness of Internal Audit in Jamaican Commercial Banks [J]. Accounting and Management Information Systems, 2016, 15 (3).

[178] Dittenhofer M. . Internal Auditing Effectiveness: An Expansion of Present Methods [J]. Managerial Auditing Journal, 2001 (8).

[179] Douglas E. Ziegenfuss. The Performance Measurement [J]. Internal Auditor, 2000.

[180] Douglas F. Prawitt, Jason L. Smith, David A. Wood. Internal Audit Quality and Earnings Management [J]. The Accounting Review, 2009 (4).

[181] Drogalas George, Karagiorgos Theofanis and Arampatzis Konstantinos. Factors Associated with Internal Audit Effectiveness: Evidence from Greece [J]. Journal of Accounting and Taxation, 2015 (7).

[182] Ege, M. . Does Internal Audit Function Quality Deter Management Misconduct [J]. Accounting Review, 2015, 90 (2).

[183] Felix. W. L. A. A. Gratnling and M. J. Maletta The Contribution of Internal Audit as Determinant of Externa Audit Fees Factors Influencing this Contribution [J]. Journal of Accounting Research, 2001, 39 (3).

[184] Flint D. Philosophy and Principles of Auditing [M]. Macmillan Education Ltd., 1988.

[185] Gilmour A. D. Internal Audit and The Board [J]. Corporate

Board, 1998 (19).

[186] Gramling A. A. External Auditors' Reliance on Work Performed by Internal Auditors The Influence of Fees Pressure on this Reliance Decision [J]. Auditing: A Journal of Practice and Theory (Supplement), 1999.

[187] Gramling A. A., The Role of The Internal Audit Function in Corporate Governance: The Sis of The Extant Internal Auditing Literature And Directions for Future Research [J]. Journal of Accounting Literature, 2004 (23).

[188] Gramling, A. A. Maletta, M. J., Schneider A., and Church B. K. The Role of Internal Audit Function in Corporate Goveenance: A Synthesis of The Extant Internal Auditing Literature and Directions for Future Research [J]. Journal of Accounting Literature, 2004 (23): 197.

[189] Hapman Audrey and Spencer Devrox. The Key to Better Corporate Governance [J]. International Accouting, 2012 (17).

[190] Hart, O. D. Corporate Governance: Some Theory and Implications [J]. The Economic Journal, 1995 (105).

[191] Hermanson, D. R. The Growing Stature of Internal Auditing [Jl. Internal Auditing, 2002, 17 (6).

[192] IIA. Standardsfor the Professional Practice of Internal Auditing [M]. The Institute of Internal Auditors, 2001.

[193] James. K. L. The Effects of Internal Audit Structure on Perceived Financial Statement Fraud Prevention [J]. Accounting Horizons, 2003 (6).

[194] Jean C. Bedard. Earnings Manipulation Risk, Corporate Governance Risk and Auditors' Planning and Pricing Decisions [J]. The Accounting Review, 2004 (2).

[195] Jensen, Meckling W H. Theory of the Firm Managerial Be-

havior, Agency Costs and Ownership Structure [J]. Journal of Financial Economics, 1976, 3 (4).

[196] KaPlan, S. . E. , and J. J. Schultz, Jr. The Role of lnternal Audit in Sensitive Communication [R]. The IIA Research Foundation, 2006.

[197] Khaled Ali Endaya, Mustafa Mohd Hanefah. Internal Auditor Characteristics, Internal Audit Effectiveness, and Moderating Effect of Senior Management [J]. Journal of Economic and Administrative Sciences, 2016 (32).

[198] LA PORTA R, LOPEZ - DE - SILANES F, SHLEIFER A, et al. Investor Protection and Corporate Valuation [J]. Journal of Finance, 2002 (57).

[199] Lerner, Jennifer, and Philip E. Tetlock. Accounting for the Effects of Accountability [J]. Psychological Bulletin, 1999, 125 (2).

[200] LiChard. The Principle and Technology of Internal Auditing [M], 3th ed. New York: McGraw Hill: 1999.

[201] Lightle, S. S. , and Bushong, J. G, The Role of Internal Audit in the Effort to Improve Audit Committee Effectiveness [J]. The Ohio CPA Journal, 2000 (11).

[202] Margheim, L. , and W. Label. External Auditor Reliance on Internal Audtitors when Audit Risk is Gigh: Some Empirical Findings [J]. Advances in Accounting, 1990 (8).

[203] Marks Norman. The New Age of Internal Auditing [J]. The Internal Auditor, 2001 (12).

[204] Mazlina, Zaman. The Effect of Internal Audit Function Quality and Internal Audit Contribution to External Audit on Audit Fees [J]. International Journal of Auditing, 2015 (19).

[205] Mc Mullen DA, Ragahunandan K . Internal Control Reports

and Financial Reporting Problems [J]. Accounting Horizons. 1996 (10).

[206] Mihret, D. G, and A. W. Yismaw. Internal Audit Effectiveness: an Ethiopian Publicse Sector Case Study [J]. Managerial Auditng Journal, 2007, 22 (5).

[207] Murimi, R. Factors. Influencing Performance of Audit Committees in State Corporations: A Case of the Kenya rban Roads Authority [J]. Journal of Humanities and Social Sciences, 2 (3).

[208] Nelson, I. T., and Ratliff, R. L. Control Triggers: a Control Concept Come of Age [J]. Managerial Auditing Journal, 1996.

[209] Roussey, B. Crossing Borders [J]. Accountancy, 2000, 125 (1278).

[210] Paul R. Brown. Independent Auditor Judgment in the Evaluation of Internal Audit Functions [J]. Journal of Accounting Research, 1983 (2).

[211] Pavlock, Ernest J., Frank S. Sato and James A. Yardley. Accountability Standards for Corporate Reporting [J]. Journal of Accountancy, 1990, 169 (5).

[212] Penno. Auditing for Performance Evaluation [J]. Accounting Review, 1990.

[213] Prawitt, D. F., J. L. Smith, and D. A. Wood. Internal Audit Qualityand Earnings Management. The Accounting Review, 2009, 84 (4).

[214] Pricewaterhouse Coopers. A Summary of the Major Obstacles Facing Foreign Private Issuers ("FPIs") in Asia in Achieving S404 Compliance [R]. Sarbanes Oxley Section 404, 2005.

[215] Sawyer, L. B. Why Intemal Auditing? [J]. Internal Auditor, 1993, 50 (6).

[216] Raghunandan, K., W. J. Read, and Dasartha, v. R., Au-

dit Committee Composition, "Gray Directors" and Interaction with Inier-nal Auditing [J]. Accounting Horizons, 2001, 15 (2).

[217] Rappaport, A. Establishing Objectives for Published Corporate Accounting Reports [J]. The Accounting Review, 1964, 39 (4).

[218] Ruagh Geller. Feel Free to Decentralize [J]. Journal of Organizational Management, 2001 (12).

[219] S. N. Ongeri, C. Okioga, D. K. Okwena. Anssessment of the Effectiveness of Internal Audit System in the Management of Decentralized Funds in Kenya [J]. Local Authority Transfer Fund in KISSII Municipal Council, 2011.

[220] Sarens B. D. A Myth about Internal Control: the Interaction between Auditing Performance and Corporate Scale [J]. Critical Perspective on Accounting, 2007 (10).

[221] Sarens, G. and De Beelde, I. Internal Auditors Perception about their Role in Risk Management: a Comparison between US and Belgian Companies [J]. Managerial Auditing Journal, 2006a, 21 (1).

[222] Schneider, A. The Reliance of External Auditors on the Internal Audit Function [J]. Journal of Accounting Research, 1985.

[223] Sherer, Michael, David Kent. Auditing and Accountability [M]. London: Paul Chapman Publishing Ltd, 1988.

[224] Shleifer A, Vishny R. A. Survey of Corporate Govermance [J]. Journal of Finance, 1997, 52 (2).

[225] Shu Lin, Mina Pizzini, Mark Vargus, etc. The Role of the Internal Audit Function in the Disclosure of Material Weaknesses [J]. The Accounting Review, 2011, 86 (1).

[226] Spira, Laura F. and Michael Page. Risk Management: the Reinvention of Internal Control and the Changing Role of Internal Audit [J]. Accounting, Auditing & Accountability Journal, 2003, Vol. 16 No. 4.

[227] Stephen P. Internal Audit in Industry. Management Accounting: Magazine for Chartered Management Accountants, 1993 (8).

[228] Stephen P. Internal Audit in Industry [J]. Management Accounting, 1993 (8).

[229] Stephen R. O. , Lynch O. P. and Nerson W. J. Internal Management Strategy [M], 5th ed. New York: Prentice Hall: 2009.

[230] Sullivan N. The Impact of Board Composition and Ownership on Audit Quality: Evidence from Large UK Companies [J]. The British Accounting Review, 2000, 32 (12).

[231] Theofanis Karagiorgos, George Drogalas, Nikolaos Giovanis. Evaluation of the Effectiveness of Internal Audit in Greek Hotel Business [J]. International Journal of Economic Sciences and Applied Research, 2011, 4 (1).

[232] Tiessen P. and R. H. Colson. External Auditor Reliance on Internal Audit [J]. Internal Auditing, 1990 (Winter).

[233] Wallace, W. A. , Kreutzfeldt, R. W. . Distinctive Characteristics of Entities with an Internal Audit Department and the Association of the Quality of Such Departments with Errors [J]. Contemporary Accounting Research, 1991, 7 (2).

[234] Williamson, O. E. . Hierarchieal Control and Optimum Firmsize [J]. Journal of Politieal Eeonomy, April 1967.

[235] Winston Bogonko Ariga, George Gathogo. The Examination of the Effectiveness of Internal Audit in County [J]. Journal of Business and Management, 2016 (18).

[236] Youmans. Factors Affect the Internal Audit [J]. Journal of International Accounting, Auditing and Taxation, 2010 (12).

[237] Zahra, Shaker. , John A. Pearce. . Boards of Directors and Corporate Financial Performance: A Review and Integrative Model [J].

Journal of Management, 1989, 15 (2).

[238] Zain M. M. , N. Subramaniam and J. Stewart. Internal Auditors' Assessment of Their Contribution to Financial Statement Audits: the Relation with Audit Committee and Internal Audit Function Characteristics. International [J]. Journal of Auditing, 2006 (10).